五经金言

王光辉 陶武 编著
汪双六 陶芬 编著

余秉颐 李季林 主编

全国百佳图书出版单位

时代出版传媒股份有限公司
安徽人民出版社

图书在版编目(CIP)数据

五经金言/李季林著.—合肥:安徽人民出版社,2012.1
(古典金言系列)
ISBN 978 - 7 - 212 - 04588 - 6

Ⅰ.①道… Ⅱ.①李… Ⅲ.①道家—中国—通俗读物 Ⅳ.①B23—49

中国版本图书馆 CIP 数据核字(2012)第 008754 号

古典金言系列丛书

五 经 金 言

李季林 编著

出 版 人:胡正义
责任编辑:黄　刚　周子瑞
封面设计:宋文岚

出版发行:时代出版传媒股份有限公司 http://www.press-mart.com
　　　　　安徽人民出版社 http://www.ahpeople.com
　　　　　合肥市政务文化新区翡翠路 1118 号出版传媒广场八楼
　　　　　邮编:230071
　　　　　营销部电话:0551—3533258　0551—3533292(传真)
印　　制:合肥创新印务有限公司
　　　　　(如发现印装质量问题,影响阅读,请与印刷厂商联系调换)

开本:880×1230　1/32　　印张:12.5　　字数:230 千
版次:2012 年 2 月第 1 版　2013 年 8 月第 4 次印刷

标准书号:ISBN 978 - 7 - 212 - 04588 - 6　　定价:22.00 元

古典金言系列丛书编委

总　序

　　在举国上下推进社会主义文化大发展、大繁荣的热潮中,安徽人民出版社推出 10 卷本中华文化"古典金言系列丛书",这是一件令人高兴的盛事。

　　10 卷本中华文化"古典金言系列丛书"的形成,有着一个渐进的积累过程。安徽人民出版社于 2008 年出版了中华文化"古典金言系列丛书"首批著作,包括《四书金言》、《五经金言》、《道家金言》、《佛家金言》四种图书。图书出版后,产生了较好的反响。于是出版社的同志继续组织原班作者编撰丛书第二批的六种著作,即《孝道金言》、《辩学金言》、《法家金言》、《兵家金言》、《家训金言》、《蒙学金言》,于 2009 年出版。这样,连同首批出版的四部著作,就相对全面地涵盖了中华传统文化的主要方面,包括主要代表人物、学派和代表作。(有的学派——例如墨家学派——在这套丛书中没有专门通过一部著作给予介绍,但是我们在丛书的其他著作中做了介绍,例如我们在《辩学金言》中对墨家学派及其逻辑论著做了介绍。)如今,丛书的作者们和出版社的编辑同志又不辞辛劳,对这 10 部著作进行修订,并按照统一的版式和风格重新编辑,终于形成了呈现在读者面前的这套 10 卷本的丛书。

　　改革开放以来,随着社会生产力的发展,特别是科学技术的迅速进步,我国人民的物质生活水平不断得到提高。但与此同时,人们的精神生活不同程度地存在着诸如信仰危机、道德滑坡、价值理想淡薄之类的问题,简单地说就是人文精神缺失的问题。这个问题,是我们在建设中华民族共有精神家园的过程中需要解决的问题，而解决这个问题的有效途径之一，就是结合当今时代的需要，发掘和弘扬民族传统文化中的人文主义思想。

只要我们采取科学的态度对待历史文化，它就能够成为建设民族精神家园的重要的思想资源。中华民族是富于人文传统的民族，中华文化是富于人文精神的文化。正是基于这样的认识，我们从中华文化典籍中精选条目，按思想内容分类，对原文中比较深奥、冷僻的字、词、句做出注释，并且将文言文翻译成白话文，以期帮助读者朋友准确、深入地领会原文所表达的意思。与此同时，我们结合当前的时代背景、社会现实和个人生活体验，以"评说"的形式，将我们从这些条目中所受到的启迪和教益提供给广大读者，以期与读者朋友进行思想交流。

我们在选取"金言"的条目时，立足于"弘扬人文精神，传播人文知识"，致力于让优秀的民族文化遗产在现代社会继续发挥作用。丛书中选取的"金言"体现了我们民族心忧天下、以身许国的爱国精神，刚健有为、自强不息的奋斗精神，乐群利群、贵中尚和的和谐精神，锲而不舍、百折不挠的坚韧精神，言而有信、一诺千金的诚信精神，追求真理、尊师重道的好学精神，与人为善、忠恕待人的宽厚精神，……然而历史文化毕竟受着时代的制约，虽然这些条目所体现的基本精神完全可以在现代社会发挥积极作用，但其中有的条目所包含的观点（主要是某些具体的提法）不一定完全符合现代社会的要求。对此，我们深信读者朋友可以自行做出鉴别，不拘泥于某些具体的提法而着重把握这些条目所宣扬的基本精神和所包含的基本知识。

10卷本中华文化"古典金言系列丛书"的出版，使我们再一次感受到安徽人民出版社为弘扬优秀民族文化所付出的努力！

10卷本中华文化"古典金言系列丛书"的出版，还使我们再一次获得了聆听读者朋友评论、指教的机会！

余秉颐

2011年11月

前　言

　　中华文明源远流长,中华文化博大精深。在数千年的历史长河中,留下的典籍蔚为大观、浩如烟海。《五经》就是先人给我们留下的极其珍贵的文化宝典,包括《周易》、《尚书》、《诗经》、《礼记》、《春秋》。

　　《周易》:又称《易》或《易经》,包括《易经》和《易传》两个部分。被尊为群经之首、大道之源的《易经》部分包括六十四卦卦形及卦辞、爻辞;《易传》则是对《易经》的阐发,共有七种十篇,故又称为"十翼"。《周易》对运用八卦来概括和推测自然和社会的变化规律,提出了很多中国哲学的重要基本范畴,被称为我国第一部哲学原典。

　　《尚书》:又称《书》、《书经》。《尚书》是我国古代最早一部政事史料汇编和记言体史书。书中记录了上自尧舜、下至商周大约一千五百多年的誓词、文告、训示等,真实反映了这一历史时期的天文、地理、哲学和典章制度。《尚书》共有两种传本,现在通行的《十三经注疏》本,是《今文尚书》和《古文尚书》的合编。

　　《诗经》:又称《诗》、《毛诗》。《诗经》是我国古代第一部诗歌总集。它分为"风"、"雅"、"颂"三个部分,现存305篇。它收录了从西周初年直到春秋中期前后约五百多年的诗歌。《诗经》广泛地反映了当时社会生活的各个方面,内容涉及政治、经济、外交、伦理、风俗、天文、地理等,被誉为古代社会的人生百科全书,对后世产生了极为深远的影响。

　　《礼记》:与《周礼》、《仪礼》合称"三礼"。本书选录只涉及《礼记》部分。它分为《大戴礼记》和《小戴礼记》两种,只有后者得以流传下来。《小戴礼记》除了记述礼仪制度之外，主要记载了孔门弟子关于"礼"的问答及其理论阐述。在封建时代，《礼记》被认为是"学术治术无所不包"的儒家思想经典，受到高度重视。需要说明的是，因本丛书已有《四书金言》，为避免重复，本书中的《礼记》没有辑录《大学》、《中庸》两篇中的内容。

《春秋》：是我国古代第一部编年体历史著作。它记载了从鲁隐公元年（前722）到鲁哀公十四年（前481），共计242年间的史实。它的内容以鲁国历史为主，同时也涉及其他诸侯国，主要记载各国间的朝聘、盟会、战争及统治阶级人物活动的事迹。后人为它作注解的很多，流传下来的有《左传》、《公羊传》和《穀梁传》，合称"春秋三传"，其中《左传》影响最大。《左传》擅长历史记事，内容不只局限于政治、军事、外交活动，而且还涉及经济、文化、社会生活、自然现象等等方面。《左传》不仅是历史著作，还是很有成就的散文著作，具有极高的文学价值。本书所选录的范围虽然涵盖"三传"，但主要出自于《左传》。

《五经》是儒家思想的核心载体，是中华民族最为宝贵的文化遗产之一。面对日新月异的世界，当我们打开《五经》这个"千年宝典"的时候，发现它仍然具有无数的智慧和珍宝。不过，由于生活节奏的加快和时间、精力的限制，现代人们很难有足够时间去阅读全部的经典原著，因此，如果能够从原著中精选出经典的名言、警句、故事，并按一定标准加以归纳和分类，对人们更加轻松快捷地学习，是非常有益和必要的。

本书就是从伦理道德、治国用兵、为学励志、文化艺术、经典故事等几个方面对《五经》加以节选。在编撰时，我们努力做到通览经典原著，认真领会精神实质，在此基础上遴选出最富深意和生命力的名言警句，并写出我们的阅读感言，试图让读者能够用较短的时间去领会《五经》思想的精华。当然，由于水平和能力的限制，我们的选择可能有所遗漏，分类可能不够准确，阅读领悟也可能存在偏差。因此，我们真心恳请专家学者和读者朋友给以批评指正。

目　录

一、伦理道德

《周易》

《尚书》

《诗经》

《礼记》

二、治国用兵

《尚书》

《诗经》

三、为学励志

《周易》

《春秋》

四、文化艺术

《周易》

《礼记》

《春秋》

五、经典故事

《礼记》

《春秋》

一、伦理道德

中国之所以素有礼仪之邦、文明古国的美称,就在于我国传统文化非常推崇伦理道德,讲究礼义廉耻、修己安人。从一定意义上可以说,伦理道德就是儒家文化的核心所在。《五经》提出了非常丰富的伦理道德与行为规范,为我们留下了宝贵的思想理论资源。虽然这些资源难免有其时代和阶级的局限性,但只要我们坚持古为今用、批判继承方针,弃其糟粕,取其精华,它们就仍然可以在今天社会主义和谐社会建设中发挥应有作用。

"五常"(仁、义、礼、智、信)思想是儒家思想中五种最基本的道德规范,也是值得认真发掘继承、转化创新的思想,它们在《五经》中得到较为充分的体现。《周易》强调"地势坤,君子以厚德载物"、"忠信,所以进德也",把讲求忠信看做增进人们美德的根本方法;《尚书》则感慨"虽有周亲,不如仁人","吉凶在人,灾祥在德",要求人们不忘"仁德";《诗经》一方面歌颂"显允君子,莫不令德",一方面又咒骂那些不守礼仪的王公贵族是大老鼠,毫无掩饰对他们的厌恶;《礼记》也强调,"忠信,礼之本",并对仁德的各个方面给以具体阐释,还为我们设计了一个充满仁爱精神、令人神 往的"大同"社会;《春秋》开篇就为人们敲响了"多行不义必自毙"的警钟,与此相照应篇末的"拨乱反正"、"惩恶而劝善"则向我们揭示了《春秋》的真正用意所在。

《五经》在义利观上的态度也非常鲜明。《周易》强调,"利者,义之和也",主张要依据道义使谋事的各方都能获得各自的利益,突出了公平原则。《左传》中晏子则明确提出要对私利加以限制，否则"利过则为败"。儒家在义利关系上的重义轻利、以义取利的态度，对我们建设社会主义市场经济中所出现的见利忘义、金钱至上等错误观念具有很好的矫正作用，值得发掘和借鉴。

《五经》有关伦理道德的重要论述远不止这些，我们的选录和理解也是见仁见智。读者朋友们一定可以从中读到自己的答案。

【1.孔丘相盟】

地势①坤②,君子以厚德载物。(《周易·象传》)

 注释

①势:气势和精神。②坤:八卦之一,象征大地、母亲和民众等。

 译文

大地具有坤卦的精神(至顺、至大、至厚且无所不载),君子应效法这一精神,以宽厚的德行负载万物。

　　厚德的目的是为了载物,厚德的境界就是要具有像大地一样无限奉献的品德,具有像大地一样广阔的胸怀与器量。如果德薄量狭,将何以容人,何以载物,何以能够承担大任?

【2. 利义之和】

> 利者,义之和①也。(《周易·文言》)

注释

　　①和:是指一切参与创造的人们在利益方面最终都能得到各有其份、各得其所的分配结果。

译文

　　所谓利益,其实是指依据道义使共同谋事的各方都能获得各有其份的综合的分配结果。

感悟

　　无道之利、不义之财从来就是天人共憎的众矢之的。只有经过道义处理和分配过的利益,才是最持久的、最牢靠的、也是最令人心安的。

《3. 或跃在渊》

或①跃②在渊③,无咎。(《易经·乾》)

注释

　　①或:欲进而未定的语气。②跃:欲飞未飞之际。③渊:上空下洞、深昧不测之地。

 **译文**

（苍龙在向长天蓄势待发之前），先在深渊的上空反复试探着跳跃飞腾。

 感悟

这是惊天决策爆发之前必要的机警与审慎，是一切战略家驾驭时局的制胜法宝。审察火候、识透玄机就在这一刹，这一刹那构成一切荣辱成败的分水岭。

【4. 蒙以养正】

> 蒙①以养正②，圣功③也。（《周易·彖传》）

 注释

①蒙：蒙昧、幼稚的意思，也做动词，有启蒙、教育的意思。②正：做正气、正道解。③圣功：圣人的功业，即指神圣的事业。

译文

启蒙是为了培养正道，这是神圣不可侵犯的伟大事业。

感悟

正气是经天纬地的精神支柱，它深蕴和根植于蒙稚之中。为了长存和保养这种浩然正气，人们有时更愿意回归到蒙稚之中；这或许就是所谓"难得糊涂"的最高境界。

《5. 果行育德》

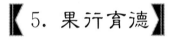

> 山下出泉①，君子以果行②育德。（《周易·象传》）

注释

①泉：初出之水，静且清，比喻美德。②果行：果决的行动。

山下开始流出清洁的泉水,(应该及时将它拦截和蓄留起来,否则转瞬即逝),君子应效法这一精神,采取果决的行动,培育美德。

当美德在每一颗平凡的心中灵光一现的时候,就应该及时发现并捕捉住它,并使之与灵魂长相厮守,从而形成果决、坚强的受益终生的道德堤坝。

【6. 云上于天】

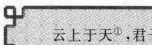

云上于天①,君子以饮食宴乐。(《周易·象传》)

①云上于天:意即水汽上天为云,形成一种蒸养太和、方云未

雨的天象,构成《需》卦,引申为等待的意思。饮食宴乐:是指等待之际一种从容自娱的方式。

译文

　　云气上达于天(正要蒸养成雨),但目下还需要等待,君子在等待之际,(不可一味焦躁和妄动),应该从容、安心地去饮食宴乐。

感悟

　　事物的运行有其自身的秩序和速度,而它不会因我们的热切期盼和焦躁万分而有丝毫改变。等待是一场痛苦的折磨,这种折磨最容易把人逼向毁灭。唯有在等待中能够从容自乐的人,才是胸有成竹的胜算者。

【7. 包荒,用冯河】

　　包①荒②,用冯③河,不遐④遗,朋亡,得尚⑤于中行⑥。(《易经·泰》)

注释

①包：包容；②荒，污秽。③冯（píng）河：涉河。④遐：远。⑤尚：上进。⑥中行：中庸之道。

译文

胸怀不仅能够包污容秽，甚至不惜去涉渡大河而泽被广远，而且消解了一切朋党之私；这种境界是得益于抱持中庸之道的结果。

感悟

博爱无疆、至公无私，这是一种量容天下、无遗无偏的博大襟怀，这正是中庸之道的最高境界。

【8. 俭德辟难】

　　天①地②不交，否③。君子以俭德辟难，不可荣以禄。（《周易·象传》）

注释

①天：乾卦，这里指天之气。②地：坤卦，指地气。③否（pǐ）：卦名，由上乾下坤组成，具有闭塞不通的含义。

译文

天地二气不相交通，象征闭塞黑暗的时世，君子当此时应以节俭为德，避开危难，不可贪求荣华富贵。

感悟

节俭是中华民族的传统美德，不仅有开源节流之功，还是珍爱生活的惜福之道，更具有护身避难的妙用。《周易》的告诫至今仍能振聋发聩。

【9. 顺天休命】

火^①在天上，大有^②；君子以遏恶扬善，顺天休命。（《周易·象传》）

注释

①火：离卦，象征太阳。天：乾卦。②大有：卦名，象征大有收获和宏大的事业。

译文

离火处在乾天之上，构成大有卦；君子应该效法这一精神，止恶扬善，顺从天意，至美至善地完成自己的生命责任。

感悟

所谓"顺天休命"，就是要求人们在能够认识并遵循客观规律限制的前提下,让自己的人生尽善尽 美、极尽风流;否则,这种客观规律转瞬就会化成虎口刀山,吞噬人世间一切不自量力的雄心与梦想。

【10. 介于石】

介①于石②,不终日③,贞吉。(《易经·豫》)

注释

①介:耿介,守住自己的本分的界限。②石:石头,比喻质地坚贞。③终日:冥顽不变。

译文

在快乐的时候,能够以中正自守、坚贞如石,又能慎思明辨以应时变,就能获得吉祥。

得意即刻忘形，其实已近穷途；冥顽而至不化，最容易被风浪击沉；唯有既能坚贞如石、又善于识时通变者，才能在风云变幻中从容应对，稳操胜券。

【11. 无妄, 元亨利贞】

无妄①，元②亨③利④贞⑤。其匪正有眚，不利有攸往。（《易经·无妄》）

注释

①无妄：卦名，由震雷处在乾天之上构成，具有天道强盛、至诚至正的寓意。②元：伟大、创始。③亨：亨通。④利：祥和。⑤贞：坚贞。⑥匪：通非。

处在无妄卦的环境中，如能具备伟大、亨通、祥和及坚贞的品行，就能获得意外之福；如果不坚守正道，将有弊害，前进不利。

当至诚至信之风盛行天下的时候，个人的一切心机和妄念显得十分渺小和脆弱。虽然也有不劳而获、无错蒙冤的现象偶尔发生，但一切不正之举必遭严惩，却是一定的。这是《周易》对时代风气的一种深切体察。

【12. 多识前言往行】

天①在山②中③，大畜。君子多识前言往行④，以蓄其德。（《周易·象传》）

①天:乾卦。②山:艮卦。③大畜:卦名,由艮上乾下合成,象征大阻止和积蓄。④前言往行:前贤的言论和行为。

天气被山气所吸纳,形成巨大的积蓄;君子应该效法这一精神,不断研究先贤的言行,使之积累并形成自己的道德学问。

感悟

对于前贤的言行,不能仅限于停留在鉴赏和评价的层面,更应把它内化并扩充为自己的道德学问;在向前贤学习方面,不要自设疆界,要拿出大山吸纳高天之气的气魄与力量。

【13. 慎言语,节饮食】

山①下有雷②,颐;君子以慎言语、节饮食。(《周易·象传》)

注释

①山：艮卦。②雷：震卦。

译文

艮山之下有震雷，构成颐卦（象征颐养）；君子因此谨慎言语以育德，节制饮食以养身。

感悟

在现实生活中，人们通常把心直口快视为美德，把谨言慎语当成阴险、狡诈；殊不知言为心声，心声即德品；因此，要把谨言慎语当成彰显和培育品德的重要关口。

【14. 独立不惧，遁世无闷】

泽①灭木②，大过③；君子以独立不惧，遁世④无闷。《周易·象传》

注释

①泽：兑卦，意为水泽。②木：巽卦。③大过：卦名，由兑上巽下构成，象征大为过甚。④遁世：不为世用，埋名隐姓。

译文

泽水在上，巽木在下，形成（大水淹没林木的）大过卦；君子此时应该具备大过人的胆识，独立无依而不畏惧，不为世用并不苦闷。

感悟

独立不惧，是系时代使命于一身而产生出的大勇；遁世无闷，是对自己的才德在时代中找出准确的定位之后才产生的大智。非常时代，需要非凡的大智大勇。

【15. 习坎有孚】

习①坎②，有孚，维心亨③，行④有尚⑤。（《易经·坎》）

①习，重叠。②坎：卦名，象征水和险难等。③孚：诚信。④行：前进。⑤尚：嘉赏。

译文

坎卦重叠，象征重重险难；只要胸怀诚信，就能使内心亨通，奋力向前必被崇尚。

感悟

当身蒙险难，且内无出路、外无救兵之际，唯有从自己的心灵中开辟出一条充满信实和坚贞的光明大道，它直接指向胜利和崇高。

【16. 立不易方】

雷①风②恒③，君子以立不易④方。（《周易·象传》）

注释

①雷：震卦。②风：巽卦。③恒：卦名，由震上巽下组成，象征恒久。④不易：不变。

译文

雷与风构成恒卦，君子因此要树立一些恒久不变的道德原则。

感悟

智术崇尚变化，道德贵在恒久。一个人如果能够自觉地选中一些适合自己的道德规范，并能坚定不移地践行下去，就是开始形成自己的人格精神和真正走向成熟的标志。

【 17. 不恶而严 】

天①下有山②，遁③；君子以远小人，不恶④而严。
（《周易·象传》）

注释

①天:乾卦。②山:艮卦。③遁:卦名,由乾上艮下组成,象征退避。④恶:憎恶。

译文

乾天之下有艮山,(阳气外逸)构成遁卦;君子因此远避小人,不去直接憎恶,也能凛然有威。

感悟

凡小人近则亲,亲必乱。没有必要与这种人陷进无休止的短兵相接的恶斗。唯有敬而远之,就会自然产生一种能拒人于千里之外的威严。

【18. 用晦而明】

明①入地②中,明夷③;君子以莅④众,用晦而明。(《周易·象传》)

注释

①明：离卦。②地：坤卦。③明夷：卦名，由坤上离下构成，象征光明殒伤。④莅：临；莅众即治众。

译文

离明陷入坤地之下，构成（象征光明殒灭的）明夷卦；君子因此在治理众人的时候，能够适当掩藏自己的精明，反而是最聪明的做法。

感悟

领导者对于部下的一些无伤大局的缺点故意视若无见，其实是留人聚众的一种领导艺术。如果虽明察秋毫，但却锱铢必较，就会因一点无关紧要的小事弄得众叛亲离。

【19. 言有物而行有恒】

> 风①自火②出，家人③；君以言有物而行有恒。
> （《周易·象传》）

伦理道德

注释

①风：巽卦。②火：离卦。③家人：卦名，由巽上离下构成，象征一家人。

译文

巽风出自离火，构成家人卦；君子平日治家言语要句句落到实处，行为要坚守一定的准则（从而对全家人取到言传身教的作用）。

感悟

修身首重言行，国教落实于家教。中华民族推重家教的精神，开创了人类文明史上实施社会教育的优秀范例。

【20. 反身修德】

山①上有水②，蹇③；君子以反身修德。(《周易·象传》)

 注释

①山：艮卦。②水：坎卦。③蹇(jiǎn)：卦名，由上坎下艮组成，象征行走艰难。

 译文

艮山之上有坎水，构成象征行走艰难的蹇卦；君子因此在中途遇到难以逾越的险阻时，应及时停止下来反求于自身，进一步提高自己能够征服险阻的道德智慧。

感悟

遇险知止，知难而返，也是一种充满机智的决断。只要雄心不减,艰难险阻也能变成激发和演练自己的道德和力量的道具。

【21. 有言不信】

困①,亨,贞②。大人吉,无咎③;有言不信。(《易
经·困》)

①困:卦名,穷困的意思,又象征君子为小人所困。②贞:正。
③咎:灾害。

困卦象征处在穷困之中,努力自济必至亨通;大人守正可获吉
祥,没有灾害。此时言辩未必见信于人。

感悟

　　一旦身陷困境，一切辩解和倾诉都是徒劳的。只有矢志不移地守住崇高的选择才是唯一出路。

【22. 恐惧修省】

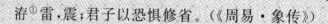

　　洊①雷·震；君子以恐惧修省。(《周易·象传》)

注释

　　①洊(jiǎn)：再，重叠。

译文

　　巨雷连叠轰鸣，构成震卦；君子因此惶恐惊慎，自我修身省过。

这是借助惊雷的震慑作用来提醒人们保持适度恐惧的重要性。恐惧使人谨慎,使人感到极限,使人熄灭狂躁,使人能远祸而延福。

《23. 苦节不可贞》

节①,亨;苦节②不可贞。(《易经·节》)

①节:卦名,象征节制。②苦节:过度节制。

节制之道可以亨通;但若过度节制,就偏离了正道。

节制固为美德，但若过分节制，发展到为谋财而残害天良、为积财而作践生活的地步，就是对生命的亵渎。

【24. 行过乎恭，丧过乎哀，用过乎俭】

山①上有雷②，小过③；君子以行过乎恭④，丧过乎哀，用过乎俭。(《周易·象传》)

 注释

①山：艮卦。②雷：震卦。③小过：卦名，由震上艮下构成，象征小有过越。④恭：敬。

 译文

艮山之上有震雷，构成象征小有过越的小过卦；君子因此在行为举止上可以稍过恭敬，办丧事时可以稍过悲哀，平日用度可以稍过节俭。

感悟

　　行止、用度和丧事都是生活中的谦慈柔惠的小事，仅止于中道则略嫌慵淡，如果从中道之界小过一步，不仅无害大局，而且还能起到醒世惊俗的作用。

～～～《尚书》～～～

【1. 协和万邦】

　　克明①俊②德，以亲九族③。九族既④睦，平⑤章⑥百姓⑦。百姓昭明，协和万邦，黎⑧民于变时雍。（《尚书·尧典》）

注释

①明：显明。②俊：大。③九族：指父族四、母族三、妻族二。④既：已经。⑤平：通"辨"，分别。⑥章：彰明。⑦百姓：指百官。⑧黎：众。

译文

（他能够）尚德让贤，光辉普照四方，达于天地。他能发扬大德，使家族亲密和睦。家族和睦以后，又考察百官中有德行的人加以举用表彰。百官中的事治理完善了，又努力使各个部落之间和睦相处，亲如一家。天下民众在帝尧的教育之下逐渐变得友好和睦起来。

感悟

尧是儒家理想的圣人，不仅集智慧、美德和才能于一身，而且心怀天下，发扬大德、博施于民众。与西方传统的人格神崇拜不同，中国的圣人崇拜本质上是对德性的崇拜。

【2. 克勤于邦，克俭于家】

帝曰："禹①！泽水②儆③予，成允成功，惟汝贤；克勤于邦，克俭于家，不自满④假，惟汝贤。汝惟不矜，天下莫与汝争能；汝惟不伐，天下莫与汝争功。"（《尚书·大禹谟》）

注释

①禹：大禹、夏禹。②泽（jiàng）水：洪水。③儆（jǐng）：告诫。④满：自满。

译文

帝舜说："禹！洪水告诫了我们。实现自己的承诺，完成治水的重任，只有你贤能；能勤劳于国，能节俭于家，不自满自大，只有你贤能。你不自以为贤能，但是天下没有谁比你能能；你不居功自傲，但是天下没有人能与你争功。"

当奢侈成为一种时尚时,于国于民,勤俭就显得难能可贵了。今天,西方一些发达国家都非常注重节俭,日本人的节俭更是到了吝啬的程度。重新拾回中华民族勤俭节约的优良传统,是每个炎黄子孙不可推卸的责任。

《3. 立爱惟亲,立敬惟长》

立①爱惟亲,立敬惟长,始于家邦,终于四海。(《尚书·伊训》)

注释

①立:树立。

译文

树立仁爱的品德,要从亲近的人开始,树立敬顺的品德,要从

032

尊敬长辈开始。先从家庭和国家开始,最终推广到天下。

"尊老爱幼"不能只是号召别人的一句空口号。要想"让世界充满爱",就需要每个人身体力行,以自己的行为去感染别人、带动别人,才能形成良好的道德秩序和社会风气。

【4. 吉凶在人,灾祥在德】

德惟一,动①罔②不吉;德二三③,动罔不凶。惟吉凶不僭④,在人⑤;惟天降灾祥,在德!(《尚书·咸有一德》)

①动:行动。②罔:无。③二三:指德行杂乱不一。④僭(jiàn):差错。⑤在人:在于人的德行。

译文

德行如果纯正，行为结果无不吉利；德如果不纯正，行动结果无不凶险。是吉利还是凶险不会出现差错，关键在于人的行为；上天是降临灾祸还是降临福气，关键在于人的德行！

感悟

趋善避恶是人之本性，赏罚分明是社会得以安宁和谐的必由之途。善恶有保是必然，只是时日长短的问题。古今中外"恶"永远都没有光明正大的地位，并且往往都是披着伪装存在一时。

【5.德无常师，主善为师】

任①官惟贤才，左右②惟其人③。臣为上④为德⑤，为下⑥为民⑦；其⑧难⑨其慎⑩，惟⑪和⑫惟一⑬。德无常师，主善为师；善无常主，协于克一。（《尚书·咸有一德》）

注释

①任：任用。②左右：指大臣。③其人：忠良的人。④为上：辅助君王。⑤为德：施行德政。⑥为下：帮助属下。⑦为民：治理人民。⑧其：语气词，表祈使。⑨难：难于任用。⑩慎：慎于听察。⑪惟：语气词，表判断。⑫和：谐和。⑬一：专一。

译文

任命官吏当用贤才，任用左右大臣当用忠良。大臣协助君王施行德政，协助属下治理人民；要考虑这些事情的艰难，要慎重对待，应当举用合适而又专一的人。德行没有恒定的榜样，以善为准则就是榜样；善没有固定的模式，在于行为能够符合纯正的德性。

感悟

道德是良好社会秩序的内在凝聚力，道德沦丧的社会不会长久维持下去。道德没有恒定的模式，但是民众的意愿和心声就是善的尺度。

【6. 虽有周亲，不如仁人】

王①曰："受②有亿兆③夷人④，离心离德；予有乱⑤臣十人，同心同德。虽有周亲，不如仁人。"（《尚书·泰誓中》）

注释

①王：这里指周武王。②受：指商纣王。③亿兆：极言多。④夷人：平民。⑤乱：治。

译文

商纣王虽然有亿万平民，却都离心离德；我只有十个能治理国家的大臣，却都同心同德。商纣王虽有至亲的大臣，却比不上我这几个仁义的大臣。

没有德行的权势和富贵是不可靠的。不仁之权势迟早会土崩瓦解、灰飞烟灭;不义之财富转瞬间也会成为过眼烟云、明日黄花。

【7. 玩人丧德,玩物丧志】

德盛不狎①侮②。狎侮君子,罔③以尽人心;狎侮小人④,罔以尽其力。不役⑤耳目,百度⑥惟贞⑦。玩人丧德,玩物丧志。(《尚书·旅獒》)

伦理道德

注释

①狎:轻视。②侮:侮慢。③罔:无。④小人:指老百姓。⑤役:为……所役使,这里指沉湎于声色。⑥百度:百事。⑦贞:正、适当。

德行盛大的人是不会轻视侮慢别人的。轻视侮慢尊贵的人，就不能使他们尽心尽力；轻视侮慢百姓，就不能使他们竭尽全力。不沉湎于歌舞声色，一切事情都会处理得当。玩弄他人会丧失德性，玩弄外物会丧失志向。

感悟

德性不仅是社会关系和谐有序的根本保障，也是个人志存高远的内在动力。玩弄心术与权力无异于藐视和败坏德性，最终自甘堕落，败乱社会道德。

【8. 不敬其德，早坠其命】

召公①曰："我不可不监②于有夏，亦不可不监于有殷。惟③不敬厥④德，乃早坠⑤厥命⑥。"（《尚书·召诰》）

注释

①召公:西周大臣,名奭(shì),曾辅佐周武王灭商。②监:通"鉴",借鉴。③惟:只,只是。④厥:其。⑤坠:失。⑥命:天命。

译文

召公说:"我们不能不以夏朝为借鉴,也不能不以商朝为借鉴。他们都是不重视自己的德行,才过早地丧失了他们的福命。"

感悟

德政可望而不可及,原因在于帝王难以始终如一坚守德行。悲剧已经发生了很多次,但还是有人步其后尘。

《 9. 作德，心逸日休 》

功崇①惟②志③，业广惟④勤。惟克⑤果断，乃⑥罔后艰⑦。位⑧不期⑨骄，禄⑩不期侈。恭俭惟⑪德，无载⑫尔伪。作德，心逸日休，作伪，心劳日拙。居宠思危，罔不惟畏，弗畏入畏。（《尚书·周官》）

注释

①崇：高。②惟：由于。③志：志向。④惟：语助词。⑤克：能。⑥乃：就。⑦后艰：以后的艰难。⑧位：在位。⑨期：当。⑩禄：俸禄。⑪惟：语助词，表判断。⑫载：事。

译文

功高是由于志向高远，业大是由于勤劳不倦。能够果敢决断，就没有后来的艰难。居处官位不应骄横，享受俸禄不应奢侈。恭敬和节俭是美德，不要做诈伪之事。行善，内心安宁，终日无忧；作恶，心神不定，日渐猥琐。居官尊宠要想到危辱，无时无处不怀着敬畏之心，不知敬畏，就会落入可怕的境地。

感悟

　　行善积德,才能问心无愧,良心才能得到安宁。心怀仁德不仅让社会环境和谐融洽,更让自己内心充实愉悦。相反,及时行乐乃至作恶多端,不仅会使社会风气日下,而且会为自己埋下祸根,甚至自取灭亡。

～～《诗经》～～

【1. 母氏圣善,我无令人】

　　凯风①自南,吹彼棘②心③。棘心夭夭④,母氏⑤劬劳⑥。

　　凯风自南,吹彼棘薪⑦。母氏圣善,我无令⑧人。

　　爰⑨有寒泉⑩,在浚⑪之下。有子七人,母氏劳苦。

　　睍睆黄鸟,载好其音。有子七人,莫慰母心。

（《诗经·凯风》）

①凯风:此指南风;凯,通"恺",和乐。②棘:酸枣树。③心:双关意。④夭夭:少壮或美艳的样子。⑤母氏:母亲,古人称妇女为氏。⑥劬(qú):劳苦。⑦棘薪:棘长成后只能作烧柴用,此喻已长大成人。⑧令:善,美好。⑨爰:有;发语词。⑩寒泉:指清凉的地下泉水。⑪浚(jùn):卫国地名。

和风煦煦南方吹,吹到酸枣树芽尖。酸枣树儿好茁壮,母亲辛劳累双斑。和风煦煦南方吹,酸枣树儿已成薪。母亲善良又贤明,我辈未有成才人。饮水若思清凉泉,浚邑城下汩汩来。我们子女七个人,不知母亲茹辛苦。黄莺美丽惹人目,声音婉转耐人听。我们子女七个人,无人安慰母亲心。

自古以来,人们给母爱以无数的赞誉,母爱之伟大在于它的至善、至微和不图回报。然而,母慈并不一定换来子孝。为人子女,守持孝道,千古不废。

【 2. 愿言思子，中心养养 】

二子乘舟，汎汎①其景②。愿③言④思子，中心⑤养养⑥！

二子乘舟，汎汎其逝⑦。愿言思子，不瑕⑧有害？

（《诗经·二子乘舟》）

注释

①汎汎：通"泛泛"，漂浮的样子。②景：古"影"字。③愿：思念。④言：语助词。⑤中心：心中。⑥养养：通"恙恙"，忧思不安的样子。⑦逝：往，去。⑧瑕：通"遐"，何；不何有害，即不有何害。

译文

两个孩子乘舟行，小船飘飘只见影。心中想着他们俩，忧心忡忡魂不宁。两个孩子乘舟去，船儿荡荡已不见。心中想着他们俩，莫非遇上啥祸害？

　　这首诗给我们描绘了一幅母亲爱子、惜子、怜子的感人图景，读来让人感动。现实生活中也正是如此，当我们身处危难之时，最为担心、最多伸出援手的就是我们的父母。好好爱自己的父母吧，因为他们是最值得我们深爱的人。

【3. 百尔君子，不知德行】

　　雄雉①于②飞，泄泄③其羽。我之怀矣，自诒④伊⑤阻⑥。

　　雄雉于飞，下上其音。展⑦矣君子⑧，实劳⑨我心。

　　瞻彼日月，悠悠⑩我思。道之云远，曷⑪云能来？

　　百尔⑫君子，不知德行⑬？不忮⑭不求，何用不臧？（《诗经·雄雉》）

注释

①雄雉：雄山鸡，此喻其丈夫。②于：语助词。③泄泄(yì)：鸟展翼飞翔的样子。④诒：通"贻"，遗留。⑤伊：此。⑥阻：苦难，忧戚。⑦展：诚信。⑧君子：作者称她的丈夫。⑨劳：忧愁。⑩悠悠：深思的样子。⑪曷(hé)：何。⑫尔：你们。⑬德行：道德品行。⑭忮(zhì)：嫉恨。

译文

飞行在天雄山鸡，鼓起双翼舞翩翩。我在思念心上人，无奈苦难独承担。飞行在天雄山鸡，上下翻飞鸣音惨。善良夫君知不知，我心愁绪实难堪。远望日月如梭穿，悠悠情深愁千万。路途坎坷千里遥，何日才能重相见？你们这些官老爷，不知德行为何物？若能不妒又不贪，遇事何愁不呈祥？

感悟

历史上那些王公贵族真是一个个仁德至善、宽容大度的君子吗？颇具讽刺意味的是：这些"君子"往往或嫉恨、贪婪，或凶狠、无耻；而倒是那些"小人们"撑起了一片片蓝天，推动着历史向前迈进。

【4. 德音莫违，及尔同死】

习习①谷风②，以③阴以雨。黾勉④同心，不宜有怒。采葑采菲⑤，无以⑥下体。德音⑦莫违⑧，及尔同死。（《诗经·谷风》）

注释

①习习：大风刮起的声音。②谷风：山谷中的风。③以：是。④黾(mǐn)勉：努力，勤奋。⑤葑(fēng)菲：蔓菁、萝卜一类的菜，作者用其根喻美德，用其茎叶喻色衰。⑥无以：不用。⑦德音：好听的话，指下文"及尔同死"的誓言。⑧违：背弃。

译文

山谷大风呼呼叫，又阴又雨人心焦。同心协力为夫妻，不该忘情怒火烧。萝卜蔓菁你来采，不该把根全丢掉。曾立誓言不相违：和你白头到终老。

山盟海誓、海枯石烂,不求同生、但求共死,常常是情侣和爱人之间的爱情誓言。它们曾令无数人为之动容、为之感叹。梁山伯、祝英台与焦仲卿、刘兰芝的生死之恋多少年来令人荡气回肠。然而,滚滚红尘之中也不乏薄情女和负心郎。凡此等等,使人生平添了几分爱恨情仇与生离死别的悲怆。

【5. 信誓旦旦,不思其反】

信誓①旦旦②,不思③其反④。反是⑤不思,亦已焉哉。(《诗经·氓》)

注释

①信誓:诚信立誓。②旦旦:诚恳的样子。③不思:不会想到。④反:违背。⑤是:这,指誓言。

译文

誓言铮铮曾经立,不想如今已忘记。诺言违背不在意,此生各自奔东西。

感悟

海未枯,石未烂,君心何以变?是啊,人间的承诺不在于言辞的美丽,而在于真实的行动。

【6. 人之多言,亦可畏也】

> 将①仲子兮!无逾②我园,无折我树檀。岂敢爱③之?畏人之多言。仲可怀也,人之多言,亦可畏也。(《诗经·将仲子》)

注释

①将:请。②逾:越过。③爱:吝啬。

译文

有请二哥听我劝！不要翻越后花园，勿将檀树来弄断。岂敢吝惜树一棵？怕人多语又多言。二哥让我多挂念，闲言碎语惹人烦，心生畏惧实难堪。

感悟

人之高贵在于灵魂，灵魂借助语言表达。语言如诗，可以让人徜徉其间，如醉如痴；语言如刀，又会让人如坐针毡，痛彻心扉。人言如诗如刀，你我作何选择？

【 7. 宁适不来, 微我弗顾 】

宁适①不来，微②我弗顾③。……宁适不来，微我有咎④。（《诗经·伐木》）

注释

①适:往,去请。②微:没有。③顾:想念。④咎:罪过,过失。

译文

宁可去请他不来,不能让我想不到。……宁可去请他不来,不能过错在我身。

感悟

古人讲究诚信,朋友之间最讲究一个"信"字,不仅如此,朋友之间还有一种宁人负我、我不负人的大度。这种"士为知己者死"的侠肝义胆造就了中国侠士精神,也培养了国人的侠士情怀。

8. 兄弟阋于墙, 外御其侮

常棣①之华，鄂②不韡韡③。凡今之人，莫如兄弟。

……

兄弟阋④于墙⑤，外御其务⑥。每有良朋，烝⑦也无戎⑧。

丧乱既平，既安且宁。虽有兄弟，不如友生？

（《诗经·常棣》）

注释

①常棣：即常棣，即棠梨树，开红色花。②鄂：通"萼"，花萼。③韡韡(wěi)：同"炜炜"，光明的样子。④阋(xì)：争斗。⑤墙：指墙内。⑥务：通"侮"，欺侮。⑦烝：通"尘"，长久的意思。⑧戎：帮助。

译文

棠梨花开满枝红，花托萼片总相拥。今天所有宾客中，莫如兄弟情谊浓……兄弟争斗于内墙,如临外辱共同扛。虽说好友不为少,总是不能来帮忙。祸乱丧亡已离去,和平且伴有安详。此时兄弟仍常在,情谊不如朋友长。

感悟

"打虎亲兄弟,上阵父子兵",意思是说,面对苦难,兄弟父子常能团结一致,共同御侮。可是,同苦并不一定能够共甘。承平日久时,兄弟之间往往会为自己的各自利益而互不相让甚至大动干戈。朋友之间似乎正好相反。人们大多不会主动去和朋友共担困难,而愿意选择与朋友分享快乐。这或许就是亲友之别吧!

【9. 显允君子,莫不令德】

湛湛①露斯②,在彼杞③棘④。显⑤允⑥君子⑦,莫不令德⑧。

其桐其椅,其实离离⑨。岂弟⑩君子,莫不令仪⑪。(《诗经·湛露》)

注释

①湛湛(zhàn)：露水晶莹浓重的样子。②斯：语气词。③杞：枸杞。④棘：酸枣树。⑤显：高贵，显赫。⑥允：诚信。⑦君子：称周天子及其宾客。⑧令德：美德。⑨离离：果实繁多的样子。⑩岂弟：同"恺悌"，平易近人。⑪令仪：美好的举止与礼仪。

看那枸杞和枣树，露珠晶莹又浓厚。显赫诚信君子们，人人都有好操守。还有椅树和梧桐，果实累累满枝头。平易近人好君子，都把举止来讲究。

人们都想拥有一种君子之风，如诚信平易、举止文雅、彬彬有礼，但这种品味并不必然来源于你的地位和学识，更不来源于下属的溜须拍马和谄媚逢迎，而在于你的智勇仁义的完美统一。

【10. 维此哲人，谓我劬劳】

鸿雁①于飞，肃肃②其羽。之子于征③，劬劳④于野。爰及矜人⑤，哀此鳏寡⑥。鸿雁于飞，集⑦于中泽。之子于垣，百堵⑧皆作。虽则劬劳，其究安宅⑨。鸿雁于飞，哀鸣嗷嗷。维此哲人，谓我劬劳。维彼愚人，谓我宣骄⑩。（《诗经·鸿雁》）

①鸿雁：鸿与雁同物异称，或复称为鸿雁。②肃肃：鸟飞时羽毛发出的声音。③之子：指周王派出救济难民的使臣。于：往。征：远行。④劬（qú）：过劳。⑤矜（jīn）人：可怜人。⑥鳏（guān）寡：老而无配偶者。⑦集：栖（qī）落。⑧百堵：一百方丈。⑨安宅：何处居住。⑩宣骄：骄傲。

雁儿飞于天，两翅沙沙响。使臣急远行，奔波于外乡。救济受苦人,鳏寡惹心伤!雁儿飞于天,栖落湖中央。使臣去工地,筑起百堵墙。虽然很辛苦,终筑百姓房。雁儿飞于天,哀鸣声凄凉。这些明白人,说我苦又忙。那些愚昧者,说我骄且狂。

感 悟

大千世界,芸芸众生,千人千面,各有天性。有人虚张声势,盛气凌人,自以为聪明,实际上愚蠢至极;有人默默劳作,淡泊名利,虽然默默无闻,但却是真正智者。智者无为而有为,若愚而智;愚者有为而无为,似智而愚。

【 11. 各敬尔仪,天命不又 】

宛①彼鸣鸠②,翰③飞戾④天。我心忧伤,念昔先人⑤。明发⑥不寐,有⑦怀二人⑧。

人之齐⑨圣⑩,饮酒温⑪克⑫。彼昏不知,壹醉日富。各敬尔仪,天命不又。(《诗经·小宛》)

注释

①宛：小小的样子。②鸠：即斑鸠。③翰：高。④戾（lì）：至，达到。⑤先人：指死去的父母。⑥明发：天将明明亮。⑦有：通"又"。⑧二人：父母。⑨齐：正，正直。⑩圣：明智。⑪温：指性情温和。⑫克：胜，指控制自己性情。

译文

小斑鸠啊小斑鸠，高高飞到天之间。我心忧伤不能已，追思我那父母亲。天明已至尚未眠，父母二人尤揪心。有人肃静又明智，饮酒温和又克制。有人糊涂又无知，大醉酩酊发脾气。务必端正你威仪，天命走后不再回。

感悟

多舛的命运、贫困的生活让社会底层的人们终日谨小慎微、惴惴不安，他们只好求助于天命。不过他们也并不盲从，而是相信机遇总会恩赐那些夙兴夜寐、兢兢业业和有所准备的人。

12. 维桑与梓, 必恭敬止

维桑与梓①，必恭敬止。靡瞻匪父②，靡依匪母③。不属④于毛，不离⑤于里。天之生我，我辰⑥安在？（《诗经·小弁》）

注释

①桑、梓：古人家前屋后常栽之树，容易引起人们对父母和先祖的怀念，后代遂成为故乡的代称。②瞻：尊仰；匪：非。③依：依恋。④属(zhǔ)：连属(连接)。⑤离：通"丽"，附着。⑥辰：时运。

译文

家前屋后桑梓林，想起双亲毕恭敬。无时不尊我父亲，无时不恋我母亲。哪有皮裘不连毛，怎有皮裘不附里。老天既然生下我，何处安生叹伶仃？

感悟

悠悠桑梓情，拳拳赤子心。桑梓是乡情之寄托，父母是生命之源泉。

桑梓是游子躲避风雨的港湾，父母是子女立志四方的导师。回报桑梓，孝敬父母不是也应成为我们每个人共有的人生准则和目标吗？

【13. 慎尔言也，谓尔不信】

缉缉①翩翩②，谋欲谮人。慎尔言也，谓尔不信③。……凡百君子，敬④而听之。(《诗经·巷伯》)

注释

①缉缉：同"咠咠"(qì)，窃窃私语之声。②翩翩：往来不停的样子。③信：诚信。④敬：恭敬。

叽叽喳喳总不闲,心中老想把人害。平时讲话该谨慎,要不说你是无赖。……天下所有君子们,恭敬听从才是该。

历史上为什么总有奸佞小人兴风作浪而忠臣良将屡屡遭殃?为什么人们都熟知"良药苦口、忠言逆耳"的道理,但就是不愿听进逆耳忠言,而对如蜜的谗言乐此不疲?历史给我们留下了太多的为什么。

【14. 彼交匪敖,万福来求】

> 交交①桑扈②,有③莺④其领⑤。君子乐胥⑥,万邦之屏⑦……
>
> 兕觥⑧其觩⑨,旨⑩酒思⑪柔⑫。彼交匪敖,万福来求。(《诗经·桑扈》)

注释

①交交:鸟鸣声。②桑扈:鸟名,即青雀。③有:形容词头。④莺:鸟儿羽毛有文采且美丽。⑤领:颈。⑥胥:语助词。⑦屏:屏障。⑧兕觥(sì gōng):一种饮酒的器具。⑨觩(qiú):弯曲的样子。⑩旨:味美。⑪思:句中助词。⑫柔:指酒味不烈。

译文

青雀鸟鸣交交响,颈儿羽毛闪光亮。各位诸侯尽欢乐,万国由你作屏障。……兕角酒杯把儿弯,美酒柔和又芳香。不急躁来不骄傲,万福齐聚来分享。

感悟

追求幸福是人们的权利,每一个人都渴望幸福;获得幸福的途径更有多种,或祖上阴功或个人奋斗。现代社会已经摒弃所谓阴功祖德而崇尚个人奋斗,但是我们仍然不应忘记"谦受益、满招损"的道理。

【15. 民之无良，相怨一方】

此令①兄弟，绰绰②有裕③。不令兄弟，交相为瘉④。

民之无良，相怨一方。受爵⑤不让，至于己斯亡。（《诗经·角弓》）

注释

①令：善。②绰绰：宽舒的样子。③裕：指宽和相容。④瘉（yù）：病患。爵：官爵。

译文

兄弟交往善为媒，情深悠悠意相投。弟兄相处恶相对，贻害双方酿怨仇。人们若无好品德，互相埋怨相向吼。受赐官爵不谦让，事到自己忘脑后。

人是一个社会存在物，从来没有真正的"孤家寡人"，所以要学会与他人相处，要勇于融入社会。守法是一个人立足社会的底线，而重德则是一个人参与社会的高标。我们无需渴求人们都去做毫不利己、专门利人的道德英雄，而只需人人都去做一个遵纪守法、利己又利人的普通公民。

【16. 永言配命，自求多福】

侯①服于周，天命靡常②。殷士③肤敏④，祼将⑤于京。……无念尔祖，聿⑥脩⑦厥德。永言⑧配命，自求多福。（《诗经·文王》）

注释

①侯，只有。②靡常：无常。③殷士：殷商属臣。④肤敏：说法不一，有的说黾勉努力，有的说美丽聪明。⑤祼（guàn）将：祼，帝王酌酒祭祖或宴饮宾客之礼；将，举行。⑥聿（yù）：语首助词。

⑦脩：通"修"。⑧言（yān）：语助词。配：合乎。

　　殷商子孙服周邦，因为天命并无常。殷商属臣多勤勉，京师祭酒助周王。……莫把祖先常念怀，修养品德记心间。合乎天命要永远，福气多多自求来。

　　如果人类历史发展真有什么"天命"的话，那么，这命不在"上天"而在于"人心"。一个顺应民心、符合民意、谋求民利、激发民力的社会必然是充满勃勃生机、迅猛发展的社会。

【17. 人亦有言：靡哲不愚】

　　抑①抑威仪②，维德之隅③。人亦有言：靡④哲不愚。庶人⑤之愚，亦职⑥维疾⑦。哲人⑧之愚，亦维斯戾。（《诗经·抑》）

注释

①抑：借为"懿"(yì)，美好。②威仪：指典礼中的细节。③隅(yù)：寄托。④靡：没有。⑤庶人：一般普通人。⑥职：只。⑦疾：毛病，灾难。⑧哲人：指聪明人。

译文

典礼庄严又美好，德行操守乃显耀。有句俗话说得好：智者装扮愚蠢貌。如果常人犯了错，此乃小病犹可校。哲人要是也愚蠢，此为罪过尤糟糕。

感悟

智慧与愚蠢好似形影不离。智慧者总想把自己装扮得很愚蠢；而愚蠢者总想把自己吹嘘得很智慧。我们需要那些假愚蠢而真智慧的人，而绝不需要那些假智慧而真愚蠢之人。

【18. 慎尔出话，敬尔威仪】

慎尔出话，敬尔威仪，无不柔嘉[①]。白圭之玷[②]，尚可磨也；斯言之玷，不可为也。（《诗经·抑》）

①柔嘉：温和而美好。②玷：污。

讲话当心要记牢，端庄举止很重要，品德温和又良好。洁白玉圭有斑点，尚可把它来磨掉。言语若是留污秽，若想收回难做到。

君子一言，驷马难追。我们说话做事都必须三思而后行，尤其在快节奏、高竞争的现代社会，更应如此。不过，也不能让"三思"成为我们思想懒惰和思而不决的托词。

【19. 投我以桃，报之以李】

辟①尔为德，俾②臧③俾嘉。淑④慎尔止⑤，不愆⑥于仪⑦。不僭不贼，鲜不为则。投我以桃，报之以李。（《诗经·抑》）

注释

①辟：彰明。②俾：使。③臧、嘉：善。④淑：美好。⑤止：举止，行为。⑥愆：过失。⑦仪：仪容。

译文

你的品德需彰明，使之善良又美好。举止谨慎又良善，仪容无过很重要。越礼害人皆不为，为人榜样是正道。人若送我一个桃，捧上木李做回报。

感悟

　　人与人如何相处？是以牙还牙，以眼还眼？还是以德报怨，以怨报德？前者因双方都以暴力解决问题，没有最后的赢家；后者因双方冰炭不容，最终必然分道扬镳。而投桃报李则不失为一个人们普遍认同的做法，因为它强调平等互惠与礼尚往来。不仅如此，"投桃报李"中所蕴涵的砥砺品行、知恩图报也值得我们现代人认真汲取。

≈≈≈《礼记》≈≈≈

【1. 修身践言，谓之善行】

　　夫①礼者，所以定亲疏，决嫌疑，别同异，明是非也。礼，不妄说②人，不辞费③。礼，不逾节④，不侵侮，不好狎。修身践言，谓之善行。行修言道，礼之质也。（《礼记·曲礼上》）

注释

①夫：发语词。②说：通"悦"。③辞费：说而不做。④节：指伦理等级关系的节度。

译文

礼是用来规定人们的亲疏关系，决断事理上的疑惑，区别事物的异同，辨明道理上的是非。依礼而行，不是虚妄地取悦于人，不是只说不做。礼要求行为不逾越节度，不侵犯侮慢他人，不显得与别人亲昵而轻狎。修养身心并付诸实践，就可称为美好的德行。行为端正，说话合乎正道，这是礼的实质。

感悟

千百年来，儒家的"礼"历经沧桑，功过是非任人评说，见仁见智。但是礼的积极意义不容抹杀：作为一种社会规范和行为模式，为社会的道德标准提供参照和依据；作为个人的价值信念，为个人涵养性灵、提升精神境界提供有效途径。

【2.礼尚往来】

礼尚往来,往而不来,非礼也;来而不往,亦非礼也。人有礼则安,无礼则危,故曰:礼者不可不学也。夫礼者,自卑而尊人。虽负贩者,必有尊也,而况富贵乎?富贵而知好礼,则不骄不淫;贫贱而知好礼,则志不慑[1]。(《礼记·曲礼上》)

注释

①慑:困惑。

译文

礼崇尚有来有往,只有施舍,没有回报,不合乎礼;而只有回报,没有施舍,也不合乎礼。人际关系有了礼就安顺,没有礼就显得紧张,所以说礼是不能不学的。礼的表现是克制自己尊重别人。即使是低微卑贱的人,也有值得尊敬的地方,何况富贵之人呢?富贵的人如果爱好礼,就不会骄奢淫逸;贫贱的人如果爱好礼,心志就不会困惑。

感悟

　　礼就是尊重别人，为他人着想，在尊重别人的同时就是尊重自己。持续不断的礼尚往来，维系着人与人之间的和睦而友爱。

【3.为人子之礼】

　　凡为人子之礼：冬温而夏凊①，昏定②而晨省③。在丑夷④不争。（《礼记·曲礼上》）

注释

　　①凊(qìng)：凉。②定：指铺设安放床褥被枕等。③省：问候安适与否。④丑夷：古称年辈相同、学行相类的人。丑：同"俦"(chóu)，同辈。夷：同"侪"(chái)，平辈。

译文

做儿子的礼，要使父母冬天感到温暖，夏天感到凉爽，晚上服侍父母安寝，早晨要向父母请安。与同辈的人相处，不和人争斗。

评说

"百善孝为先"，孝敬父母是做人的本分和基本品德，天经地义；一切善行都是从孝开始做起，才能培养人的善心、爱心和良心。不孝顺父母就意味着忘恩负义，乌鸦尚有反哺之义，羔羊也有跪乳之恩，一个人如果连孝敬父母、报答养育之恩都做不到，谁还能相信他有什么美德呢？

【4.为人子，然后可以为人父】

> 知为人子，然后可以为人父；知为人臣，然后可以为人君；知事人，然后能使人。（《礼记·文王世子》）

译文

懂得如何做一个好的儿子，然后才能够做一个好的父亲；懂得如何做一个好的臣下，然后才能够做一个好的君主；懂得如何侍奉别人，然后才能够合乎礼义地使唤别人。

感悟

每个人的角色各异，但都与别人发生着各种社会的联系，如果人人都能够进行"换位思考"，推己及人，站在别人的立场上处理问题，社会就会和睦，争端就会减少。

【5.人情人义】

> 何谓人情？喜、怒、哀、惧、爱、恶、欲，七者弗学而能。何谓人义？父慈、子孝、兄良、弟弟、夫义、妇听、长惠、幼顺、君仁、臣忠，十者谓之人义。（《礼记·礼运》）

注释

人情：这里指人的天性。人义：指人的伦理道德准则。良：温和。弟弟(tì)：做弟弟的要敬顺兄长。第二个"弟"字，同"悌"。

译文

什么叫做"人情"？ 喜、怒、哀、惧、爱、恶、欲，这七种不学就会的情感就是"人情"。什么叫做"人义"？ 做父亲的要慈爱子女，做儿子的要孝敬父母，做兄长的要爱护弟弟，做弟弟的敬顺兄长，做丈夫的对妻子要重情义，做妻子的对丈夫要温顺，年长的人要关爱年幼的人，年幼的人要听从年长人的教导，做国君的对臣下要仁爱，做臣子的对国君要忠诚，这十个方面道德行为规范就是"人义"。

评说

儒家不一味地强调人的自然属性，而是在承认人的天性的同时注重人的社会属性，重视后天教化的作用。儒家所说的"人"，是处在不同人伦关系中、有着不同社会角色的立体的人。人伦，即是人与人之间的道德行为规范。"十义"，即十种应遵循的人际关系。儒家强调血缘关系，重视亲情，以人为本，以家为本，从亲属开始，渐次于疏。也有人把朋友作为"十义"之一，即父慈、子孝、兄爱、弟恭、夫和、妇顺、朋谊、友信、君仁、臣忠。此外，朋友还是五伦之一，即父子、夫妇、兄弟、朋友、君臣。

【6. 君子有礼，外谐内无怨】

礼释①回②，增美质；措则正，施则行。其在人也，如竹箭之有筠③也，如松柏之有心也。二者居天下之大端矣。故贯四时而不改柯易叶。故君子有礼，则外谐而内无怨。（《礼记·礼器》）

①释：消除。②回：奸邪。③筠（yún）：竹皮。

礼可以去除邪僻，增进美好的品质；修养它可以正身，实践它，在哪里都能行得通。礼对于人来说，就像竹子有了青皮，也好比松柏有了圆心。这内外两方面正是天下万物的根本，所以竹子、松柏都能历经春夏秋冬而不改变枝叶的茂盛。所以君子有了礼，就能做到与外界和谐相处而内心无所怨恨。

实践礼并不会让人有所损失；相反，它可以端正人的行为，修饰人的容貌，调节心灵的秩序，增添内心的和祥，一举多得。

【7．忠信，礼之本】

先王之立礼也，有本有文。忠信，礼之本也；义理，礼之文也。无本不立，无文不行。（《礼记·礼器》）

译文

先王所制定的礼，既有内在的实质，又有外在的形式。忠信是礼内在的实质，义理是外在的形式。没有内在的实质，礼就不能够成立；没有外在的形式，礼就无法推行。

感悟

　　礼注重本质和形式的内在统一，文质彬彬、表里如一是礼所塑造的君子人格形象。但是，现代社会的伪善之人如果想为自己异化的人格披上礼的面纱，不过是徒劳无益。只有形式没有内涵的礼，只是镜中月、水中花。

【8.立爱自亲始，立敬自长始】

　　子曰："立爱自亲始，教民睦也。立敬自长始，教民顺也。教以慈睦，而民贵有亲；教以敬长，而民贵用命①。孝以事亲，顺以听命，错②诸天下，无所不行。"（《礼记·祭义》）

注释

　　①用命：遵从准备的命令。②错：通"措"。

孔子说:"仁爱之心的培育应当从孝顺双亲开始,教导民众和睦;恭敬之心的培养应当从尊敬兄长开始,教导民众顺从。教育人们仁慈和睦,人们就会以侍奉双亲为美德;教导民众尊敬兄长,人们就会以遵从命令为荣耀。孝顺地侍奉双亲,顺从地听从命令,这种德行在任何地方,都不会行不通。"

家常琐事也可以培养崇高的道德。仁爱恭敬成为普世价值,证明儒家不是迂腐的道德理想主义者。

【9.众之本教曰孝】

众之本教①曰孝,其行曰养。养可能也,敬为难;敬可能也,安②为难。安可能也,卒③为难。父母既没,慎行其身,不遗父母恶名,可谓能终矣。仁者,仁此者也;礼者,履④此者也;义者,宜此者也;信者,信此者也;强者,强此者也。(《礼记·祭义》)

注释

①众之本教：指用来教化民众的根本道理。②安：指安然不勉强。③卒：指终身孝敬父母。④履：践履。

译文

教化民众的根本道理是孝道，付诸行动叫做赡养。赡养行为容易做到，恭敬就很难了；即使能做到恭敬，心甘情愿就难了；即使能做到心甘情愿，终身孝敬就难乎其难了。父母去世之后，仍然能够谨慎地对待自己的言行举止，不给父母蒙上骂名，这就算终身孝敬了。仁就是怀着仁爱之心体验孝；礼就是亲身实践孝；义就是不容置疑地对待孝；信就是真正做到孝；强就是勉力而为。

感悟

孝不只是强调物质上的供养，更注重仁爱精神的培育，孝就不能单纯理解为一种义务和责任。孝所推许的持久而又真诚的情感，是今天人们侍奉长辈所应当铭记的。

【10. 不安于上，不以使下】

> 君子之事君也，必身行之，所不安于上，则不以使下；所恶于下，则不以事上；非诸人，行诸己，非教之道也。是故君子之教也，必由其本，顺之至也。（《礼记·祭统》）

 译文

君子侍奉在上位的君王，必须亲身实践正道。上面做的事情不合于正道，连自己都感到不安，就不要再对下面这样做；下面做的事情欺上作乱，连自己都感到厌恶，就不要再对上面这样做。如果指责别人，而自己却背地里这样做，这就不合乎教化的规律。所以君子的教化，必须从自身这个根本做起，才能无所不顺。

 **感悟**

不合乎礼法的言语和行为到了君子那里会被自动过滤。君子高尚的道德修养有如净化器，对社会政治实现良性循环有着不可低估的作用。

【11.君子弛其亲之过,而敬其美】

子云:"君子弛①其亲之过,而敬其美。""从命不忿②,微谏③不倦,劳而不怨,可谓孝矣。"(《礼记·坊记》)

①弛:丢开、忘记。②忿(fèn):怨恨。③微谏:指温和含蓄地劝谏。

孔子说:"君子应该忘掉父母的过错,而要敬重他们的美德。""听从父母的教诲,不能有不满的心情;对于父母的过错,要温和含蓄地劝谏,而侍奉父母的孝敬之心仍不感厌倦;为侍奉父母而辛勤操劳却毫无怨言,这样就可称得上是孝了。"

感 悟

　　君子之孝既不是对父母过错大而化之的严厉指责,也不是缄口不言、惟命是从的愚忠愚孝。采取温、良、恭、俭、让那种有理有礼的道德方式规劝别人改过迁善,才能既纠正过错,又增进彼此的德性,融洽双方的关系,把坏事变成了好事。

【12. 不厉而威,不言而信】

　　子曰:君子隐而显,不矜而庄,不厉而威,不言而信。君子不失足于人,不失色于人,不失口于人,是故君子貌足畏也,色足惮①也,言足信也。(《礼记·表记》)

注释

　　①惮(dàn),畏惧。

译文

　　孔子说：君子即使隐居不做官，也会声名远扬；即使不矫揉造作，却自然显得庄重；不声色俱厉，却威严可敬；不多说话却能取信于人。君子不会对人有不得体的行为，不会对人显得容貌不端庄，不会对人说有失礼节的话，所以君子的仪容足以让人感到敬畏，神色足以让人感到威严，言语足以让人信任。

感悟

　　美好的德行会像风一样迅速感染社会，并引起仿效。相反，外在的约束和命令成就不了美德；色厉内荏也树立不了威信。

【13. 以德报德，民有所劝】

　　子曰：以德报德，则民有所劝；以怨报怨，则民有所惩。以德报怨，则宽身①之仁②也；以怨报德，则刑戮之民也。（《礼记·表记》）

①宽身,指用恩惠回报别人的怨恨以求得自身安宁。②仁,应作"人"。

孔子说:用恩惠来报答别人给自己的恩惠,民众就受到勉励而多做善事;用怨恨来回报别人对自己怨恨,民众就会因为有所报应而少做坏事。用恩惠来回报别人给自己的怨恨,那是求得安身的人不得已而为之;用怨恨来报答别人对自己恩惠,那是应当受到惩罚的人。

"以怨报怨"不能等同于"以恶制恶",因为儒家的"怨"致力于对可能的恶行有所警醒和规正,所以实际上是一种理智和仁义之举。认为儒家过分渲染仁义道德而疏于防范和制裁的观点有失公允。儒家的"以怨报怨"比道家的"以德报怨"在现实中也更切实可行。

【14.君子不以其所能者病人】

子曰:君子不以其所能者病人,不以人之所不能者愧人。是故圣人之制行也,不制以己,使民有所劝勉愧耻,以行其言。礼以节之,信以结之,容貌以文之,衣服以移之,朋友以极之,欲民之有一也。(《礼记·表记》)

译文

孔子说:君子不会用只有自己能做得到的事情去责备别人,也不会用别人所做不到的事情去羞辱别人。所以圣人制定的行为规范,不是以自己的能力为标准,而是使民众相互勉励,培养羞耻感,从而能够按照圣人的话去做。用礼来规范他们,用诚信来聚合他们,用庄敬的容貌来修饰他们,用特定的礼服来感染他们,用朋友的情义来劝勉他们,希望他们能够一心向善。

感 悟

　　道德教化不是为了证明别人的错误和张扬别人的缺点,而是为了处处替别人着想。儒家的教化注重引导而不是灌输,注重培育情感而不是强人从己,注重鼓励和劝勉而不是禁止和防范。

【15.君子不以色亲人】

　　子曰:君子不以色亲人。情疏而貌亲,在小人则穿窬①之盗也与? 情欲信,辞欲巧。(《礼记·表记》)

注释

　　①窬(yú),在墙上或门上打洞。

译文

　　孔子说:君子不会装模做样以虚伪的表情来亲近别人。如果

085

感情疏远却貌似亲密,这不就像小人钻墙打洞进行偷盗吗? 感情要真实,言辞要灵巧。

真诚的待人接物,必定表里如一;如果只有表面的和颜悦色,则可能另有所图,不提防的话,演绎出来的故事可能正是现代版的"狼和小羊"。

【16. 礼义之始】

> 凡人之所以为人者,礼义也。礼义之始,在于正容体、齐颜色、顺辞令。容体正、颜色齐、辞令顺,而后礼义备,以正君臣、亲父子、和长幼。君臣正,父子亲,长幼和,而后礼义立。(《礼记·冠义》)

人之所以能够成为人,因为有礼义。礼义的开始,在于使举止得体、态度端正、言辞和顺。只有在举止得体、态度端正、言辞和顺之后,礼义才能完备。以此来使君臣各安其位、父子相亲、长幼和睦。而只有在君臣各安其位、父子相亲、长幼和睦之后,礼义才算确立。

经过"五四"、"文化大革命"等历次运动的冲击,礼乐文化已经难觅踪迹,以至于需要引进西方的礼仪来填补社交场合的礼仪真空。然而中华民族早在两千多年前,礼仪规范就已经细致到人的举止容颜。华夏民族的当务之急是重拾传统文化之精华,重塑世界文明之典范。

〰〰《春秋》〰〰

【1. 多行不义必自毙】

公①(即郑庄公)曰:"多行不义必自毙②,子③姑待之。"(《左传·隐公元年》)

注释

①郑庄公：郑国君主，是译文中共叔段的哥哥。②毙：仆倒或跌跤，引申义为"失败"。③子：即祭（zhài）仲，郑国大夫。

译文

郑庄公说："（如果共叔段）屡做不义之事，必然会自取灭亡。您就等着吧。"

感悟

春秋时期，周室衰微，诸侯争霸，即使父子兄弟也常常反目成仇。所谓"春秋无义战"意在如此。"多行不义必自毙"已成为用来警醒人们恪守道义的一句箴言。

【2. 善不可失，恶不可长】

> 君子曰："善不可失，恶不可长……周任[1]有言曰：'为国家者，见恶，如农夫之务去草焉，芟[2]夷蕴崇[3]之，绝其本根，勿使能殖，则善者[4]信[5]矣。'"（《左传·隐公六年》）

注释

①周任：古代史官。②芟（shān）：割草。③蕴崇：积聚，蕴：通"蕴"。④善者：双重意思，既指饱满的谷子，又指善人、善政与善事等。⑥信：通"伸"。

译文

君子说："善良不可丢失，邪恶不可滋长……古代一个叫周任的史官就曾说：'治理国家和处理家事时，见到邪恶之事就如农夫除草一样，锄掉它，把它聚集起来肥田，挖掉它的老根不让它继续生长，这样谷子就能得到很好生长。'"

感悟

善恶往往存在于一念之间,我们要心存善念,时时保持,让心中那颗善苗长成参天大树;同样,邪恶无论多小,也要除恶务尽,不能让它玷污我们的一言一行。

【3. 人无衅焉,妖不自作】

内蛇与外蛇斗于郑南门中,内蛇死。六年而厉公入。公闻之,问于申繻①曰:"犹有妖乎?"对曰:"人之所忌,其气焰②以取之。妖由人兴也。人无衅③焉,妖不自作。人弃常④,则妖兴,故有妖。"(《左传·庄公十四年》)

注释

①申繻(xū):鲁国大夫。②气焰:气象,指人的道德品行。③衅(xìn):缝隙,缺陷。④常:常规,常理。

译文

在郑国国都的南门下面，一条门里的蛇与门外的蛇在搏斗，结果门里的蛇被咬死。六年之后郑厉公回国。鲁庄公听说这件事，就问申繻说："难道是因为妖孽作怪（郑厉公才回国的）吗？"申繻回答说："一个人（是否遇到他）所顾忌的事，是由于他自己的气焰所导致的。所谓妖孽都是由于人自身原因才产生的。人若没有缺陷，妖孽不会自己产生。人若丢掉了常道，妖孽就产生了，所以才有了妖孽。"

感悟

人类没有出现之前，肯定没有所谓"妖怪"之说。有了人，妖也就在人们心中相伴而生了。"妖由人兴"说得实在是妙。不做亏心事，不怕鬼叫门；世上无鬼神，心虚鬼缠身。只要心中坦荡荡，何惧"小鬼"长戚戚！

【4. 善败由己】

君子曰："随之见伐①，不量力也。量力而动，其过鲜②矣。善败③由己，而由人乎哉？"（《左传·僖公二十年》）

①伐：攻打。②鲜：少。③善败：成败。

君子说："随国之所以被攻打就因为它自不量力。正确估量自己国力然后行动，祸害就会很少。世间的成败得失完全在于自己，难道还在于别人吗？"

人人都渴望成功,殊不知胜败乃兵家常事。决定成败的关键不在于别人而在于自己。所以,凡事都要三思而后行。

《5. 过而能改,善莫大焉》

（士会）①稽首②而对曰:"人谁无过? 过而能改,善莫大焉。"（《左传·宣公二年》）

伦理道德

注释

①士会:晋灵公时期有名的谏臣,而晋灵公是有名的昏君。②稽(qǐ)首:跪拜,拱手至地,头也碰地,是一种礼节。

译文

士会叩着头回答(晋灵公)说:"一个人谁能没有过错,有了过错能够改正,就没有比这再好的事情了。"

感悟

人非圣贤,孰能无过,一个人错了并不可怕,可怕的是屡犯同样的错误。而生活中总有人想方设法文过饰非,甚至颠倒黑白,实在违背古人的教诲。

【6.义无二信,信无二命】

（解扬）①对（楚王）曰:"臣闻之,君能制命为义,臣能承命为信,信载义而行之为利。谋不失利,以卫社稷,民之主也。义无二信,信无二命……死而成命,臣之禄也。寡君有信臣,下臣获考死②,又何求?"楚子舍之以归。（《左传·宣公十五年》）

注释

①解扬:晋国大夫。②考死:死得其所。

（解扬）回答（楚王）说："臣下听说，国君能制定命令在于道义，臣下能接受命令就是信用，坚守道义然后去做才能获得利益。谋划不失去利益并能保卫国家就是为民做主。道义不能任用两种信用，信用不能接受两种命令……虽然死了但能完成使命，这是臣下的福气。我的君主有守信的使臣，而我死得其所，这样的死有何可怕的呢？"于是，楚君赦免了解扬，让他回国去了。

好一个忠贞不贰的解扬！他视信义如生命，以义为天，以信为魂，用生命去诠释命、信、义的内在真谛。这样的信臣尽到了臣者的本分，虽难免有愚忠之嫌，但给人们留下了铁骨铮铮的硬汉形象，感动了楚王，也感动了我们。

【7. 患不孝，不患无所】

> 闵子马①见之②，曰："……为人子者，患不孝，不患无③所。敬共父命，何常之有？若能孝敬，富倍季氏可也。奸回④不轨⑤，祸倍下民可也。"（《左传·襄公二十三年》）

注释

①闵子马:鲁国大夫。②之:即公弥,季武子之子。③无:同"毋",禁止。④奸回:同义词连用,邪恶、混乱。⑤不轨:不合法度;轨,原指车辙、轨道等,比喻规矩与法制等。

译文

闵子马见到公弥,说:"……做儿子的,只担心自己能否尽孝,而不担心是否有地位。(如果你能)恭敬地遵照父亲命令,事情怎么会固定不变呢?如能够孝顺恭敬,你可以有季氏两倍富有。可你如果胡作非为、不合法度,祸患可以比老百姓增加一倍。"

感悟

"孝"不仅给人以心灵的慰藉,还会给人们带来物质的财富,古人这种认识在某种程度上已经超越当今人们。对于那些只知向父母伸手要钱却丝毫没有反哺之意的人们更是当头棒喝。

【8. 立德，立功，立言】

穆叔①曰："……豹闻之：'大上有立德，其次有立功，其次有立言。'虽久不废，此之谓不朽。若夫保姓受氏，以守宗祏②，世不绝祀③，无国无之。禄之大者，不可谓不朽。"（《左传·襄公二十四年》）

注释

①穆叔：鲁国大夫，即文中的豹。②宗祏（bēng）：宗庙。③祀（sì）：祭祀。

译文

穆叔说："……我听说，'最高的是树立德行，其次是树立功业，再其次是树立言论。'（即使死了，）也永远不会废弃，这叫做三不朽。至于那种保存姓氏，守住宗庙，世代祭祀不断的，任何国家都有这种情况。这只是官禄中较大的一面，还不能说是不朽。"

感悟

　　人们总想实现自我价值，获得不朽。"三立"是古人给我们树立的一个标杆。虽不奢望人人都如尧舜"立德"、文王周公"立功"和司马迁等"立言"，哪怕仅做普普通通的人，这个社会也将变得更加美好。

【9. 匪交匪敖，福将焉往】

　　赵孟①曰："'匪交②匪敖'，福将焉往？若保是言也，欲辞福禄，得乎？"（《左传·襄公二十七年》）

注释

　　①赵孟：晋国掌权者。②交、敖：意思相同，即骄傲。

译文

赵孟说:"'不骄不傲',福禄还会跑到哪儿去? 如果恪守此道,即使想要推辞福禄,能行吗?"

感悟

虚怀若谷的人才会实在做事,坦诚做人。可是,生活中总不乏一些专横跋扈、盛气凌人之辈。殊不知,这虽然满足了他们一时的虚荣心,却也失去了别人的尊重与谅解。

【10. 仁人之言,其利博哉】

君子曰:"仁人之言,其利博哉! 晏子一言,而齐侯省刑。《诗》曰:'君子如祉①,乱庶②遄已③。'其是之谓乎!"(《左传·昭公三年》)

注释

①祉（zhǐ）：喜悦，幸福。②庶：庶几，可能。③遄（chuán）：迅速。已：停止。

译文

君子说："仁德之人说话，它的好处真是广大啊！晏子一句话，齐侯就简省刑罚。《诗经》说：'君子如果喜悦，祸乱马上就会停歇。'说的就是这个吧！"

感悟

一言可以兴邦，一言可以丧邦。我们需要培育一种"仁者尽其言、恶者无处言"的土壤和制度。

【11. 让，德之主】

晏子谓桓子："……让，德之主也。让之谓懿德①。凡有血气，皆有争心，故利不可强，思义为愈。义，利之本也。蕴②利生孽。姑使无蕴乎！"桓子尽致诸公，而请老③于莒。(《左传·昭公十年》)

注释

①懿德：美德。②蕴：积蓄。③老：告老隐退。

译文

晏子对陈桓子说："……谦让，是德行的主体。让给别人叫做美德。凡是有血气的人，都有争强好胜之心，所以追求利益不能勉强，应该更多地想着道义。道义，是利益的根本。私利积聚太多就会生出妖孽。姑且让它不要积聚吧！"陈桓子把(陈氏、鲍氏的家产)全都交给齐侯，而请求在莒地告老(隐退)。

感悟

资源的有限性决定了人们获利只能遵循公平与公正的原则。如果任凭私欲膨胀必将会给人类带来无尽的灾难，所以，一种和平共处、共存共荣的社会才能和谐与长久。

【12. 不盖不义，不犯非礼】

琴张①闻宗鲁死，将往吊之。仲尼曰："齐豹之盗，而孟絷②之贼，女何吊焉？君子不食奸③，不受乱，不为利疚于回④，不以回待人，不盖不义，不犯非礼。"（《左传·昭公二十年》）

注释

①琴张：不是孔子弟子。②絷（zhí）：拘禁或捆绑，此用作人名。③奸、回：均为奸邪之意。

译文

琴张听说宗鲁死了,准备去吊唁。孔子说:"齐豹所以成为坏人,孟絷所以被害,(都是由于他的缘故,)你为什么要去吊唁呢?君子不会去接受坏人的俸禄,不会去参与动乱,不会去为了私利而受到邪恶的腐蚀,不会用邪恶待人,不会掩盖不义的事情,不会做出非礼的行为。"

感悟

孔子不仅是一个博学多闻、循循善诱、择善而从的智者,还是一个疾恶如仇、敢作敢当、知其不可而为之的大丈夫。如今,我们已经无需将孔子圣人化,然而一个正人君子的孔子又让我们多少人自愧不如呢?

【 13. 动则思礼, 行则思义 】

> 君子曰:"名之不可不慎也如是:夫有所有名而不如其已。(黑肱等三人)以地叛,虽贱,必书地,以名其人,终为不义,弗可灭已。是故君子动则思礼,行则思义;不为利回[1],不为义疚[2]。"(《左传·昭公三十一年》)

注释

①回：即违，违背礼仪。②疚：内心痛苦。

译文

君子说道："对待名义必须慎重的原因在于：有时有了名义反而还不如没有名义。（黑肱等三人）带着土地背叛，即使这个人低贱，也一定要记载地名，以此来记载这个人，他们所做不义之事，人们不会忘记。因此君子有所行动就想着礼仪，办事就想着道义；不会因贪图利益而违礼，也不会因背义而内疚。"

感悟

"春秋无义战"，然而《春秋》有道义。《春秋》正是将拨乱反正、惩恶扬善做为自己宗旨，虽然在当时未必得到人们认可，然而谁能说它在今天过时了呢？

【 14. 言而不信，何以为言 】

人之所以为人者，言也；人而不能言，何以为人？言之所以为言者，信也；言而不信，何以为言？信之所以为信者，道也；信而不道，何以为道？道之贵者时，其行势也。（《春秋穀梁传·僖公二十二年》）

译文

人所以称之为人，就在于他能够说话；如果人不能够说话，还算是什么人呢？言语之所以成其为言语，就在于它讲究信义；如果虽能说话却不能够守信义，那还算什么言语呢？信义之所以成为信义，就在于符合道义；如果虽讲信义但不符合道义，那还算什么正道呢？正道的可贵之处就在于合乎时宜，根据时宜来施行正道，那就是顺应了形势的发展。

感悟

人人都有一张口，是信口雌黄还是言之有据完全取决于我们

伦理道德

自己的选择。生活在当今的我们难道不该认清时代大势，把握时代脉搏，做一个与时俱进、开拓进取的时代先锋吗？

【 15. 成人之美，不成人之恶 】

《春秋》成人之美，不成人之恶……《春秋》贵义①而不贵惠②，信③道而不信邪，孝子扬父之美，不扬父之恶。（《春秋榖梁传·隐公元年》）

注释

①义：出于国家统治而考虑的道义。②惠：为了实现个人私利的小恩小惠。③信：通"伸"，伸张。

译文

《春秋》要成全人们的美德善事，但不会成全人们的邪恶行为……《春秋》尊重符合国家利益的道义，却不推崇私人之间的小恩小惠；它主张伸张正当的道义，却不主张宣扬邪恶的行为。一个孝敬长辈的儿子，应当显扬父亲的美德，而不会传播父亲的恶行。

感悟

　　《春秋》主张成全善事，传播美德，推崇道义，弘扬正气，留给我们一笔宝贵的精神财富。苏格拉底宣扬"美德即知识"，柏拉图更是心仪至善的"理想国"。可见，对美善与正义的追求是人类的一种共同愿望。

二、治国用兵

　　《五经》有着非常丰富的政治与军事思想。与其注重伦理道德相适应，它提倡德治，注重民本，为我们留下宝贵的思想资源。

　　儒家崇尚"德治"和"圣人之治"，认为道德是政治之根本，强调为政者应在道德方面起着表率作用，尤其是君主要以人格力量去感召天下，而不是用刑罚与武力去威服天下。《易经》认为，"圣人感人心而天下和平"，即圣人如果能体贴并感化世道人心，就能促成天下和平安宁；《尚书》强调德行在治国中的重要性，认为"德惟善政，政在养民"，"德日新，万邦惟怀"；《诗经》称赞"矢其文德、洽此四国"的周王，因为它不知疲倦地布施文德，才使万邦得以和谐。《礼记》所提倡的"明德、亲民、止于至善"的"三纲领"更是儒家"德治"思想的最鲜明体现；《左传》则提醒统治者要把"亲仁善邻"作为国家长治久安的重要法宝。在提倡"德治"的同时，他们还看到"法治"的重要意义。"明慎用刑"思想的提出，表明他们对如何发挥法律在治国安邦中的作用已经做了较为深入的思考。

　　儒家还具有非常可贵的"民本思想"。《尚书》认为"安民则惠"，即人君只有使民众安居乐业才算仁爱，民众也才会怀念他、拥戴他。《左传》提出"民为神主"，认为，国君应当把人民的利益看做自己的利益，政权才能巩固。而邾文公不惜用死来践行"命在养民"的壮举更是令人感动。

　　《五经》的军事思想也不应忽视。例如《春秋·左传》中，晋国大夫宣子强调战争中的攻心战，他说："先人有夺人之心，军之善谋也"。关于对待战争的态度,孔子并不惧怕战争,但坚决反对不义之战:"怀恶而讨,虽死不服"。即如果抱着丑恶的目的去讨伐别人,别人就是死了也不会心服。

由此可见,《五经》中所具有的丰富的治国用兵思想,值得今人借鉴,对于今天的治国安邦也不无裨益。

【1. 保合太和】

> 乾①道变元,各正性命②,保③合④太⑤和⑥,乃利⑦贞⑧。首⑨出庶物⑩,万国咸宁。(《周易·彖传》)

①乾:卦名,象征天、君、龙等,这里代表天道。②各正性命:充分、准确地依其本质赋予生命。③保:存守。④合:融会。⑤太:大。⑥和:和谐。⑦利:祥和。⑧贞:正与固。⑨首:创始,即乾为阳气为万物之所始。⑩庶物:众生万物。

译文

天道运行变化,使天下万物逐一各依其性、充分合理地化育生长,始终保持和汇聚着伟大的和谐;这就进入了祥和、稳健和正道的境界。天道率先创生并推动万物发展,使天下各国都处在和谐与安宁之中。

只有"各正性命",使天下人各适其所,才能汇聚"太和";只有"首出庶物",不断开拓创新,才能永保"太和";只有"保合太和",才能实现"万国咸宁"。可见,《周易》旨在创立一种高度和谐和健康发展的人类社会。

【2. 同声相应】

> 同声相应,同气相求①;水流湿,火就燥②,云从龙,风从虎③;圣人作④而万物睹⑤;本乎天者亲上,本乎地者亲下,则各从其类也。(《周易·文言》)

①同气相求:气息相同,互相吸引。②水流湿、火就燥:水往低

湿处流，火向干燥处烧。③云从龙、风从虎：龙起云随、虎啸风生，旨在强调云、风各随其性追随龙虎。④作：振起。⑤睹：注目。

声调相同才会共鸣，气息相同才会互相吸引；水往低湿处流，火向干燥处烧，云绕龙，风助虎；圣人振起，天下万物都为之注目相感；以天为本者向上发展，以地为本者向下扎根，这是万物各依其类互相聚合的法则。

正视自己的类别，认准他人的类别；选择同道共谋的朋友，选择值得毕生追求的旗帜和伯乐的慧眼；这其实就是选择自己事业发展的正确路径和飞腾的翅膀。

【3. 含章可贞】

含章①可贞。或从王事②，无成有终③。（《易经·坤》）

注释

①含：含蓄。②从王事：追随君王从事政务。③终：合适的
结果。

译文

满含美德而不外露，能够坚守正道。或者追随王者的事业，并
不计较个人得失，最终会有理想的结局。

感悟

甘心奉献，且又不恃才居功；这是处在辅佐地位的贤臣应有的
美德，也是一种光明远大的政治智慧。

【 4. 负且乘 】

负①且乘②，致寇至③，贞④吝⑤。（《易经·解》）

①负:负重物。②乘:乘车。③致寇至:招至盗寇来抢夺。④贞:守正。⑤吝:疑憾惋惜。

译文

背负重物而乘车,招致强寇来抢夺;应守持正固,以防疑憾惋惜。

感悟

既恋权位,又贪财货,置身于招怨和易败之地,到头来财权两空,只能归咎于自己的贪婪和愚蠢。

【5. 作事谋始】

天①与水②违行③,讼④;君子以作事谋始⑤。(《周易·象传》)

注释

①天：乾卦。②水：坎卦。③违行：运行方向相反。④讼：卦名，由乾上坎下构成，象征争讼。⑤始：初始。

译文

天的运行是自东向西，水的运行是自西向东，二者方向相反，构成的卦象就成了讼卦；君子因此在办事之初就认真谋划，努力消除引发争讼的根源。

感悟

大凡在办事之初，一定要把谋划的重点落在开局部分，尽可能地在事先把能够引发争端的一切诱因，予以充分排除和防范，切忌陷进未谋先动或动而无谋的尴尬境地。

【6. 开国承家】

大君有命①，开国②承家③，小人勿用（《易经·师》）

注释

①命:命令。②开国:分封诸侯。③承家:立大夫。

译文

(战争结束)新朝问鼎,君王颁布命令,开始论功行赏,分封诸侯,千万不可重用小人。

感悟

为了巩固四海归一的成功局面,在"小人勿用"方面一定要心铁手硬;历代奸臣乱政、大盗窃国,都是国君对小人宠爱有加、掉以轻心的结果。

【7. 不宁方来】

比①吉。原筮②元③永贞④,无咎⑤。不宁方来,后夫凶。(《易经·比》)

注释

①比：卦名，象征民众与领袖人物亲密比辅。②原筮：古代占筮的方法，有再筮的意思。③元：元始。④永贞：永远坚贞。⑤无咎：没有咎害。

译文

追随领袖人物去团结奋斗，是吉祥的；就是再用卜筮来验证，也会具备元始永贞的德行，不会有灾；看到别人纷纷比辅，才开始感到不安，不得已才迟迟去参与比辅的人，是危险的（因其已无容身之地）。

感悟

追随成功的杰出人物，是使自己的事业尽早登堂入室的捷径。但杰出人物往往处在众星拱月的核心，对他们的追随贵在真诚、执著和抢占先机，傲慢而迟到的人将无容身之地。

【8. 上下交而其志同】

> 泰①，小往大来②，吉，亨；则是天地交而万物通③，上下交而其志同也。（《周易·象传》）

---

①泰：卦名，由坤地居上、乾天居下构成，象征天地相交、万物安泰。②小往大来：坤阴为小，在外为往，乾阳为大，在内为来。③通：生长顺利。

译文

泰卦，阴小出外，阳刚来内，是吉祥和亨通的；这就是天地相交就能促进万物顺利生长，领导和群众互相交好就能统一集体的志向。

上下相交是凝聚众志的重要手段,万众一心的伟大创造力根源于此。

【9. 振民育德】

山①下有风②,蛊③;君子以振④民育德。(《周易·象传》)

治国用兵

①山:艮卦。②风:巽卦。③蛊:卦名,由艮上巽下组成,象征腐败、惑乱。④振:振济。

译文

艮山之下有巽风(外坚内柔),构成蛊卦,象征救弊治乱,君子因此振济百姓培育道德。

感悟

　　惩治腐败,离不开道德自律;而立德则是一个缓慢而艰难的过程;当腐败已经严重地毒化了社会风气的时候,只有采取令人感到惊心破胆的非常行动,才能促进社会风气的顿然整肃和改观。

【10. 中正以观天下】

　　大观①在上,顺而巽②,中正以观天下。(《周易·象传》)

注释

　　①观:卦名,由巽上坤下组成,象征众阴对阳刚的观仰。②顺而巽:坤为顺,巽也为顺,极其温顺之意。

宏大壮观的阳刚呈现在最崇高的位置,具备温顺、中和和刚正的品德,足以让天下人观仰。

感悟

权高位重,一言一行都处在万民观仰和仿效之中;领导干部如果能自觉地修饰自己的一言一行,有意引起天下人的观仰和仿效,就能收到举一反三、教化天下的社会效应。

【11. 教思无穷】

泽①上有地②,临③;君子以教④思无穷,容保民无疆。(《周易·象传》)

兑泽之上有坤地，构成临卦，象征监视、督察；君子因此千方百计、不厌其烦地教导百姓，发扬无边的美德容纳和养育民众。

一方面要站到一定的高度教民与督民，另一方面又永无止境地容民与保民；以严师慈父之心对待民众，是中华传统文化中的民本思想的重要特征。

【 12. 化成天下 】

观乎天文①，以察时变；观乎人文②，以化成天下。（《周易·象传》）

注释

①天文：天的文采，诸如日月星辰、阴阳变化等。②人文：人类的文采，如文章、礼仪等。

译文

观察天的文采，就会发现四时的变化规律；观察人类的文采，可以推行教化促成天下昌明。

感悟

文饰之道虽然只是对事物外表的装饰和美化，但却具有理论建设和文化宣传的作用，是昌显文明、转移风化的重要的辅助手段。

【13. 厚下安宅】

山①附于地②，剥③；上以厚④下安宅。（《周易·象传》）

注释

①山：艮卦。②地：坤卦。③剥：卦名，由艮上坤下组成，象征群阴剥阳之意。④厚：加厚。

译文

高山倾委于地，构成象征剥落的剥卦；居上因此要厚实基础，安固宅屋。

感悟

为防群阴剥阳、大厦将倾的险情发生，事先应从最下处用功着力，只有把根基充分筑牢和夯实，事业的长足发展才具有强大的后劲。

【14. 日月丽乎天】

日月丽乎天，百谷草木丽乎土，重明①以丽乎正，乃化成天下。（《周易·象传》）

注释

①重明：两个离卦相叠，明而又明。

日月附丽在天，谷物和草木附丽于地，光明再加光明且附丽于正道，就能推教化，促成天下昌盛。

富国强邦的机制在于：要确保决策者拥有明而又明的洞察力和至公至正的决断力。

15. 圣人感人心而天下和平

天地感①而万物化生②，圣人感人心而天下和平。（《周易·象传》）

注释

①感：交感。②化生：化育、生长。

天地交感能带来万物化育生长，圣人能够体贴并感化世道人心，就能促成天下安宁和舒畅。

为政者能够真诚体贴和感化天下人心，是营造和谐、舒坦的社会局面的重要前提。

【16. 以虚受人】

山①上有泽②，咸③；君子以虚④受人。（《周易·象传》）

①山：艮卦。②泽：兑卦。③咸：卦名，由兑上艮下组成，象征交感。④虚：虚怀接物。

艮山之上有兑泽，（泽气下注、山气上腾）构成咸卦，象征交感；君子因此虚怀若谷，广泛地容纳和感化他人。

唯有虚怀，才能使他人容易进入，才能获取他人的支持和帮忙，才能为社会环境所相容。虚以受人，不独是一种美德，更是一种处世智慧。

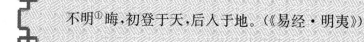
【17. 初登于天】

不明①晦，初登于天，后入于地。（《易经·明夷》）

注释

①明：光明。

没有一丝光明，已经昏暗至极；即使起初登临天上，最终必将坠入地下。

这是对专心一条道走到黑的黑恶势力的警告。他们既使不择手段地成功获取登峰造极的高位，但最终逃脱不了历史规律的惩罚和人间正道的严正审判。

【18. 损下益上】

损①，损下益上②，其道上行。（《周易·象传》）

注释

①损:卦名,由艮上兑下构成,象征俭省。②损下益上:俭省于下,增益于上。

译文

损卦阐发俭省之道,自我俭省,增益于上,目的是为了向着更为崇高的目标不断发展。

感悟

自我俭省的目的,是为了更加伟大的事业获得增益;自我俭省的过程,也就是自己的精神境界不断升华的过程。

【19. 损上益下】

益①,损上益下,民说②无疆;自上下下,其道大光。(《周易·象传》)

①益：卦名，由巽上震下组成，象征增益。②说(yuè)：欣悦。

　　益卦阐发增益之道，自觉俭省在上者的利益，不断让在下者获得增益，老百姓就会感到无限的欢欣鼓舞；坚持从上向下施利的原则，是一条永放光芒的治国之道。

***

　　高以下为基，国以民为本，人民富则天下富。所以，《周易》把"损上益下"的原则视为一条愈走愈光辉的强国之路。

【20. 泽上于地】

　　泽①上于地②，萃③；君子以除④戎器，戒不虞。（《周易·象传》）

注释

①泽:兑卦。②地:坤卦。③萃:卦名,由兑上坤下组成,意即水泽在地中汇集,象征汇集。④除:修治。

译文

地上有泽,构成象征众流汇聚的萃卦;君子因此在大众从四面八方汇集而来的时候,一定要修治兵器,防止不测之变的发生。

感悟

人潮滚滚的浩大聚会场面,也常常是鱼龙混杂、易生惊变的复杂时期,当局者一定要备有戡乱防变的万全之策。

【21. 劳民劝相】

木①上有水②,井③;君子以劳④民劝⑤相。(《周易·象传》)

注释

①木：巽卦，这里作木桶解。②水：坎卦。③井：卦名，由坎上巽下构成，象征水井及其具有的养人之功。④劳：勤劳。⑤劝：劝勉。

译文

木桶深入水下，构成井卦（象征养民），君子因此劝勉百姓发扬勤劳和互助的精神。

感悟

勤劳和互助精神，是人类在天地间赖以生存和发展的精神支柱，其无穷无尽的养人之功，如同人类固有的一口万世不涸的甘甜的水井，虽然平凡、普通，却不可或缺且美善养人。

【22. 正位凝命】

木①上有火②，鼎③；君子以正位④凝命⑤。（《周易·象传》）

注释

①木：巽卦。②火：离卦。③鼎：卦名，由离上巽下组成，取象鼎器。古代改朝换代后，新登位的君王的第一件工作就是铸鼎，将法律条文刻于鼎器上，以显法律的庄严。④正位：在职位上端正、庄严。⑤凝命：严守使命。

译文

巽木上加以离火，构成鼎卦；君子因此效法鼎器之象，在职位上端正、庄严起来，严格坚守和执行使命。

正位，就是因为代表国家行使权力而显得正大而庄严；凝命，就是用全副精神使权力的职责行使得十分坚定而精确。可以说，"正位凝命"是《周易》对古代官吏的职业道德的最基本的形象设计。

【23. 君子以思不出其位】

兼①山艮②，君子以思不出其位③。（《周易·象传》）

注释

①兼：重叠。②山：艮卦，意为停止。③位：本位，本分所守之位。

两山加叠，构成艮卦，象征阻止；君子因此自我抑制邪欲，所思所虑不应超越自己所应坚守的本位。

这不仅有利于鼓励人们忠于职守，也有利于维持全局性的稳定的工作秩序，更有利于坚决杜绝以权侵权、以权换权和一味贪求权位攀升而不安于职守的现象发生。

《24. 君子以居贤德善俗》

山①上有木②，渐③；君子以居④贤德善俗。（《周易·象传》）

①山：艮卦。②木：巽卦。③渐：卦名，由巽上艮下构成，象征

渐进。④居：积累。

艮山之上有巽木，构成渐卦；君子因此不断积累贤德，逐渐影响和改善社会风俗。

移风善俗，是一项漫长而浩大的社会工程。首先要依靠一批先进分子不断积累贤德，垂范先行；进而将这些贤德推及身外，逐步达到转移风化、纲维世运的目的。

【25. 申命行事】

随①风巽②，君子以申③命行事④。（《周易·象传》）

注释

①随:连续相随。②巽:卦名,由上下两巽组成,象征风和顺从等意。③申:叮咛、重复命令。④行事:施行政事。

译文

阵风相随,构成巽卦;君子因此一再重申命令,施行政事。

感悟

官方发布政令,在密度上要像风一样无孔不入;在效果上要像风一样遍拂万物、无至不顺;在韧性上要像风一样阵阵相随、反复吹送并一贯到底。如此令行四方,何愁天下不治?

【26. 明慎用刑】

山①上有火②,旅③;君子以明④慎⑤用刑而不留⑥狱。(《周易·象传》)

注释

①山：艮卦。②火：离卦。③旅：卦名，由离上艮下组成，象征旅行。④明：英明。⑤慎：审慎。⑥留：滞留。

译文

艮山之上有离火，构成旅卦，君子因此英明、审慎地动用刑罚，决不让狱事滞留。

感悟

理讼断狱要力求公正准确，所以应用"离明"的精神处理讼狱；讼事愈拖愈乱，愈积愈繁，所以应用"艮止"的精神干净、利落地终结案件。这一"明"一"止"的精神的合理运用，是一种高超的司法智慧。

【27. 议狱缓死】

泽①上有风②，中孚③；君子以议④狱缓⑤死。（《周易·象传》）

注释

①泽：兑卦。②风：巽卦。③中孚：卦名，由巽上兑下组成，象征诚信。④议：讨论。缓：宽。

译文

兑泽之上有巽风，构成象征诚信的中孚卦，君子因此以至诚至信的品德慎议刑狱，宽缓死刑。

感悟

《周易》一方面主张办案要公正且"不留狱"，一方面又对死刑案流露出好生恶杀之心。这种以公正和仁爱为本的法律精神，即使推用于当今世界仍然具有历久弥新的思想价值。

《28. 思患而豫防之》

水①在火②上，既济③；君子思患④而豫⑤防之。（《周易·象传》）

注释

①水：坎卦。②火：离卦。③既济：卦名，由坎上离下构成，象征阴阳调和、事业已经成功。④患：祸患。⑤豫：同预。

译文

坎水在离火之上，交织成既济卦；君子因此在事业成功之后，反复思虑可能出现的祸患，事先采取防堵措施。

感悟

事业大功告成之后，不可继续无限度地扩张发展；应把察乱知弊、防微杜渐做为战略重点，因为长期巩固和不断优化成功局面本身就是最好的发展。

《尚书》

【1.德惟善政，政在养民】

德惟^①善政，政在养民。水、火、金、木、土、谷惟修^②，正德^③、利用^④、厚生^⑤惟和^⑥，九功^⑦惟叙，九叙^⑧惟歌^⑨。（《尚书·大禹谟》）

注释

①惟：语气词，表判断。②修：管理。③正德：正民之德，指父慈子孝、兄友弟恭、夫义妇听。④利用：指工作什器、商通货财之类的利民之用。⑤厚生：指衣食之类。⑥和：配合。⑦九功：九事。水火金木土谷，叫六府；正德、利用、厚生，叫三事。合称九功。⑧九叙，九功之事有次叙。⑨歌：颂扬。

141

译文

　　君王的德行在于使政治美好，政治美好在于使民众生活好。水、火、金、木、土、谷六种生活资料应当治理好，正德、利用、厚生三件利民的事应当配合好，这九件事一定要理顺，九件事都理顺了才会得到民众的称颂。

感悟

　　政治本来不是争权夺利的代名词。儒家认为，政者，正也。政、正同音，意义也相通，就是用正道治理民众。善政、德政，就是以民生为重、心系天下苍生的福祉。

【2. 野无遗贤，万邦咸宁】

　　嘉①言罔②攸③伏④，野无遗贤，万邦咸⑤宁⑥。稽⑦于众，舍己从人，不虐⑧无告，不废困穷。（《尚书·大禹谟》）

注释

①嘉：善。②罔：无。③攸：所。④伏：隐伏。⑤咸：都。⑥宁：安宁。⑦稽：考察。⑧虐：虐待。

译文

要采纳善言，不要埋没好的建议，朝廷之外没有遗弃不用的贤良之士，天下四方的民众就会得到安宁。考察民众的意见，聆听他们的心声，要舍弃自己的成见，依从别人的正确意见，不要虐待无依无靠的人，不要冷落贫穷困苦的人。

感悟

良药苦口，忠言逆耳。谦虚、宽容、坦诚地听取意见和建议，哪怕是批评或指责，最终都有利于采纳善言来理顺关系、解决问题。德性的妙用正在于用人之才、成己之功，成全别人的同时成全自己。

【3.知人则哲，安民则惠】

> 知人则哲①，能官②人。安③民则惠④，黎民⑤怀之⑥。（《尚书·皋陶谟》）

注释

①哲：明智。②官：任用。③安：安抚。④惠：仁爱。⑤黎民：百姓。⑥怀：怀念。

译文

知人善任才能算是明智，才能做到任人唯贤。使民众安居乐业才算仁爱，民众才会怀念他、拥戴他。

感悟

只会精明地算计自己的私利，不能算是明智；只对自己喜欢的人友善,也不能算是有仁爱之心。

《4. 民惟邦本,本固邦宁》

民可近,不可下①。民惟②邦本,本固邦宁。予③视天下,愚夫愚妇一④能胜予。一人三失⑤,怨⑥岂⑦在明⑧?不见⑨是图⑩。予临⑪兆民,懔⑫乎若朽索⑬之驭⑭六马⑮;为人上者,奈何不敬⑯?(《尚书·五子之歌》)

治国用兵

注释

①下:轻视。②惟:语气词,表判断。③予:这里是大禹自称。④一:皆,都。⑤三失:许多过失。⑥怨:民怨。⑦岂:难道。⑧明:明显。⑨见:同"现"。⑩图:谋划。⑪临:面临。⑫懔(lǐn):害怕。⑬朽索:腐朽的绳索。⑭驭:驾驭。⑮六马:六匹马驾车。⑯敬:谨慎。

译文

民众可以亲近而不可轻视;民众是国家的根本,根本牢固国家才会安宁。我看天下的人,哪怕是愚夫愚妇都比我强。君王一人屡次犯过失,难道要等民怨沸腾了才去考察它?应当在还未形成之时考察它。我治理民众,心情恐惧如同在用腐朽的绳索驾驭六匹马一样。做君主的人怎么能不谨慎呢?

感悟

　　民众虽然卑微却不可轻视,君王虽贵为九五之尊却不可自高自大。能够时刻反省自身的德行,唯恐力不胜任而辜负天意民愿,可谓有自知之明。

【5.不迩声色,不殖货利】

　　不迩①声色,不殖②货利;德懋③懋官,功懋④懋赏;用人惟己⑤,改过不吝⑥;克宽克仁⑦,彰信兆民。(《尚书·仲虺之诰》)

注释

　　①迩:近。②殖:聚集。③德懋、功懋:指德行、功劳盛大。

④用人惟己：指采用别人的意见像自己的一样不妒忌。⑤吝：吝惜。⑥克：能。⑦彰：显。

译文

不要亲近声色，不要聚敛货财；德行大的人用官职劝勉他，功劳多的人用奖赏劝勉他；采用别人的意见就像用自己的一样坦然，改正过错毫不吝惜；既宽容又仁爱，向天下民众表明自己的诚信。

感悟

坦荡无私、宽容仁爱，都是为政居官者所应具备的基本道德品质。政治之难，难在为官者必须舍弃私利、任官惟贤；政治无难，施政者一旦身心端正，天下自然大治。

《6.好问则裕，自用则小》

能自得师者王，谓人莫己若者亡；好问则裕，自用则小。（《尚书·仲虺之诰》）

注释

裕：宽裕、宽裕。自用：自以为是。

译文

能够求得贤圣为师的人可以称王天下，自以为别人都不如自己的就会灭亡；谦虚好问的人就会气度宽宏，刚慎自用就会气量狭小。

评说

刚愎自用的人总是好大喜功，不可一世，听不进不同的意见，更不能容忍反对的意见，因而在其周围往往聚集着一帮投其所好的谗媚之人，拨弄事非，结果自然逃不了众叛亲离的下场。做人应该虚怀若谷，胸怀像山谷那样空阔深广，坦然接受批评，容纳各种有益的意见，从而使自己更加明智，最后取得成功。

【7. 万方有罪，在予一人】

王①曰：尔有善，朕②弗敢蔽③；罪当朕躬④，弗敢自赦⑤，惟简在上帝之心。其尔万方有罪，在予一人；予一人有罪，无以尔万方。(《尚书·汤诰》)

注释

①王：这里指商汤王。②朕(zhèn)：我，指商汤王。③蔽：隐瞒。④躬：自身。⑤赦：赦免。

译文

汤王说：你们有美德，我不敢隐瞒；我自身有了罪过，我也不敢自我赦免，因为上天都看得清清楚楚。你们四方臣民有过失，根本原因在于我；我有过失，也不敢转嫁到你们臣民身上。

感悟

　　有了过错，勇于承担责任；有了美德，把荣誉推让给别人。这是明君的政治智慧。智慧源于美德，自谦成就伟大。

【8.天道福善祸淫】

　　王①曰："夏王灭德作威，以敷②虐于尔万方百姓。尔万方百姓罹③其凶害，弗忍荼④毒，并告无辜⑤于上下神⑥祇⑦。天道福⑧善祸⑨淫，降灾于夏，以彰⑩厥罪。肆⑪台小子将天命明威，不敢赦。"（《尚书·汤诰》）

注释

　　①王：指商王成汤。②敷：布，施行。③罹（lí）：遭受。④荼（tú）毒：痛苦。⑤辜：罪。⑥神：天神；⑦祇（qí），地神。⑧福：降福。⑨祸：降祸。⑩彰：显明。⑪肆：所以。

150

商王成汤说："夏王桀灭绝道德滥用刑罚，对你们四方百姓施行暴政。你们四方百姓遭受他的残害，痛苦不堪，不断地向天地神灵申告自己的冤屈。上天的法则是赐福于善良的人而惩罚那些淫邪的坏人，降灾于夏朝，就是要揭露他的罪过；现在我奉天命公开惩罚夏桀，不敢赦免。"

感 悟

佛教传入中国之前，中国人一直以自己的方式相信着善恶有报。这种天道观维持着民间的道德规范，在政治领域内对君王莫大的权利也构成一种无形的制约。

【9. 与治同道，无不兴】

德惟治①，否②德乱。与治同道③，罔不兴；与乱同事，罔不亡。终始④慎厥⑤与⑥，惟明明⑦后⑧。（《尚书·汤诰》）

注释

①治：治理。②否：表否定。③与治同道，指采用与治国之道相同的办法。④终始：即始终。⑤厥：其。⑥与：应对。⑦明明：明其所已明。⑧后：君王。

译文

实行德政天下就能治理好，反之，天下就会有灾乱。采用与治国之道相同的办法，没有不兴盛的；采用与乱国之道相同的办法，没有不灭亡的。自始至终都谨慎地遵守治国之道，就是非常明智的君王。

感悟

国家的治乱兴衰，虽然没有固定精确的模式，却有其显而易见的规律可循。施行德政的路能够走多远，取决于君王的德性；败乱纲纪的朝政能够维持多久，则要看天意民愿的容忍限度。

【10. 无轻民事，惟难】

若升高，必自下；若陟①遐②，必自迩③。无④轻民事⑤，惟⑥难；无安⑦厥位，惟危。慎终于始！（《尚书·太甲下》）

注释

①陟(zhì)：登，行。②遐：远。③迩：近。④无：不要。⑤轻民事：指轻视民众的劳役。⑥惟：思虑。⑦安：安逸于。

译文

就像登高，一定要从下面开始；就像远行，一定要从近处开始。不要轻视民众的劳役，要体谅他们的艰难；不要苟安于君位，要想到它的危险。自始至终都要谨慎啊！

天下万民虽弱小却不能以强势相凌，虽愚朴却不能以诈谋相欺。历朝历代识时务者不失时机地声称能够救民于水火；然而得逞后不多时，则遗忘承诺，诈心渐起，又置民于水火而不顾；于是江山易主，新王粉墨登场。如此更迭循环往复不已。

【11. 若网在纲，有条不紊】

若网在纲①，有条而不紊②；若农服③田力穑④，乃亦有秋⑤。汝克黜⑦乃心⑧，施实德⑨于民，至于婚⑩友，丕乃⑪敢大言汝有积德。（《尚书·盘庚上》）

注释

①纲：网的总绳。②紊：乱。③服：治，作。④穑：收获，泛指耕种。⑤亦：大。⑥秋：秋收、收成。⑦黜（chù）：消除。⑧乃心：你们的傲慢之心。⑨实德：真实的德政。⑩婚：婚姻，指亲戚。⑪丕乃：乃、于是。

译文

　　就好象把网结在纲上，才能够有条理而不紊乱；又好象农民从事田间劳动，只有努力耕作，才会大有收成。你们只有能够去除私心，把实际的好处施给百姓，以至于亲戚朋友，你们才可以宣称说你们是注重积德的。

感悟

　　德治要有实实在在的德行做基础，经过勤恳辛苦的治理和劳作，实际恩惠才能施布于民众。否则，只能是"假德治之名，行人治之实"。

【12. 无总于货宝】

　　无总①于货宝，生生自庸②！式③敷④民德⑤，永肩⑥一心！（《尚书·盘庚下》）

注释

①总:聚敛。②庸:功劳,指建功。③式:句首语气词。④敷:施。⑤德:恩惠。⑥肩:克,能够。

译文

不要为自己聚敛财宝,要在民众的福利上建功立业!要把恩惠施给民众,永远与民众同心协力!

感悟

民众是国家的根本,先义后利、先公后私、先人后己,三者异名同实,无非是期望君臣能够永远怀着一颗爱民之心。

《13. 朝夕纳诲,以辅台德》

朝夕纳诲①,以辅台②德!若金③,用汝作砺④;若济⑤巨川,用汝作舟楫⑥;若岁⑦大旱,用汝作霖⑧雨。（《尚书·说命上》）

注释

①朝夕纳诲:指无时不进善言。②台(yí):我。③金:金属,指铁或铜。④砺:磨石。⑤济:渡河。⑥楫:划船的桨。⑦岁:年成。⑧霖:连续三天的雨。

译文

大家要时时进谏教诲,来帮助我修德实施善政。就像制作铁器,要用你们做磨石;就像渡大河,要用你们做船和桨;就像大旱之年,要用你们做甘霖来救旱。

感悟

越是贤德之君,越是能够谦虚谨慎、虚怀若谷,越是时时惦念着砥砺自己的品德。

【14.股肱惟人,良臣惟圣】

　　王①曰:"股肱惟人,良臣惟②圣。昔先正③保衡④作⑤我先王,乃曰:予弗⑥克⑦俾⑧厥⑨后⑩惟⑪尧舜,其心愧耻,若挞⑫于市⑬。一夫不获,则曰:时予之辜。"(《尚书·说命下》)

注释

　　①王:这里指商王武丁。②惟:语助词,表判断。③正:长。④保衡:百官总领,这里指伊尹。⑤作:兴起。⑥弗:不。⑦克:能。⑧俾:使。⑨厥:其。⑩后:君王,指成汤。⑪惟:如。⑫挞(tà):鞭打。⑬市:指闹市。

译文

　　商王武丁说:"手足完备才能算正常的人,良臣具备才能成为圣君。从前先贤伊尹使我先王兴起,他这样说过:'我不能使我的君王功德像尧舜那样,我心里感到惭愧耻辱,好比在闹市受到鞭打一样。'如果有一个人得不到安置,他就说:'这是我的罪过。'"

感悟

　　明君和贤臣相互依存,相互砥砺。古代有不少君臣时时不忘以"水能载舟,亦能覆舟"道德警言相互劝勉、相互告诫。自然事物的发展呈现线形特征,道德之事却不同,越是贬损自己,越是成就了德性;越是不自大,越是能够伟大。

【15. 同力度德,同德度义】

　　王①曰:"同力度②德,同德度义③。受④有臣亿⑤万,惟亿万心;予有臣三千,惟一心⑥。商⑦罪⑧贯盈⑨,天命诛⑩之;予弗顺天,厥罪惟钧。"(《尚书·泰誓上》)

注释

　　①王:指周武王。②度:量度、衡量。③义:合宜。④受:商纣王名受。⑤亿:十万。⑥一心:齐心协力。⑦商:指纣王。⑧贯:串,穿物之串。⑨贯盈:形容极多。⑩诛:讨伐诛杀。

武王说:"力量相同就衡量德行的大小,德行相同就衡量谁的举措更为合宜。商纣王虽然有亿万臣民,却是亿万条心,而我虽然只有三千臣民,却是一条心。商纣王罪大恶极,上天命令我讨伐他;我要是不顺从天意,我的罪过就跟商纣相同。"

得民心者得天下。成功并不只是力量的角逐,还有德行及智慧的较量。"万民一心"的背后正是道义的凝聚。

【16.天有显道,其类惟彰】

王①曰:"天有显道,厥②类③惟④彰⑤。今商王受狎侮⑥五常⑦,荒怠弗敬,自绝于天,结怨于民。斫⑧朝涉之胫,剖贤人之心,作威杀戮,毒痛⑨四海。崇信奸回,放黜⑩师保⑪,屏⑫弃典⑬刑,囚奴正士。作奇技淫巧以悦妇人⑭。上帝不顺,祝⑮降时丧。尔其⑯孜孜⑰奉予一人,恭行天罚!"(《尚书·泰誓下》)

160

①王：指周武王。②厥：其。③类：法则。④惟：当。⑤彰：彰明。⑥狎侮：轻慢。⑦五常：指父义、母慈、兄友、弟恭、子孝五种常教。⑧斲（zhuó）：斫。⑨痡（pū）：伤害。⑩黜（chù）：贬退。⑪师保：太师、太保。⑫屏（bǐng）：除去。⑬典：常。⑭妇人：指妲己。⑮祝：断、断然。⑯其：语气词，表祈使。⑰孜孜：勤勉。奉：辅助。

译文

周武王说："上天有明显的法则，它的法则应当显扬。现在商王纣轻慢五常，荒废怠惰无所敬畏，自己绝命于上天，结怨于民众。他砍掉冬天早上徒步涉水者的小腿，剖开贤人的心脏，设置酷刑，杀戮无辜，残害生灵。崇尚信任奸邪的人，放逐师保大臣，废除常法，囚禁、奴役正义之士。造作奇异淫巧的事物来取悦妇人。上天不依，断然降下灭绝他的灾祸。你们要努力帮助我，恭敬地奉行上天的惩罚！"

感悟

德性不是个人的私事，而是关系到国家的兴亡。奸佞之徒一旦得势，就会贻害无穷。所以任用官员也得考察他们的德性，如此才能对天下人负责。

【17. 建官惟贤，位事惟能】

建^①官惟贤，位事^②惟能。重民五教^③，惟食丧祭^④。惇^⑤信明^⑥义，崇^⑦德报^⑧功。垂拱^⑨而天下治。（《尚书·武成》）

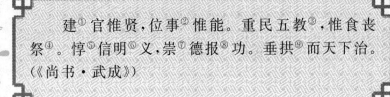

注释

①建：立。②位事：设置官吏。③五教：指父义、母慈、兄友、弟恭、子孝五种常教。④惟食丧祭：除了五教，古人认为，食以养生，丧以送死，祭以追远，三事能够敦厚风俗，故推重。⑤惇（dūn）：推重。明：显明。⑥崇：尊崇。⑦报：报答。⑧垂拱：垂衣拱手。

译文

建立官职任用贤良，设置官吏依据才能。注重对民众实行父义、母慈、兄友、弟恭、子孝的五常之教和重视民食、丧葬、祭祀三事，推重诚信，显明道义；尊崇德行，报答功劳。这样就可以垂衣拱手而天下安治。

感悟

人类社会不能没有一定的价值规范和道德准则。先贤们所留下的道德规范是维持人类社会秩序正常发展的有力保证。中华传统伦理道德的确立和推行,儒家功不可没。

【18. 无偏无党,王道荡荡】

无①偏无陂②,遵王之义③;无有作好④,遵王之道⑤;无有作恶,遵王之路。无偏无党⑥,王道荡荡⑦;无党无偏,王道平平⑧;无反无侧,王道正直。(《尚书·洪范》)

注释

①无:不要。②陂(pō):不正。③义:法。④好:私好。⑤道:正道。⑥党:结党。⑦荡荡:宽广。⑧平平:平坦。

译文

不要不平不正,要遵循王道公平的法则;不要有损人害人的私好,要遵循王道正义的要求;不要为非作恶,要遵守王道正直的法则。不要偏私结党,要遵行宽广的王道;不要结党行偏,要遵行平坦的王道;不要歧路旁出,要遵行正直的王道。

感悟

民意即天命,天命即王道。君王不走正道,必然违背天意,失却民意。只有遵行宽广中正而又无形的大道,天下才会臻于大治、安宁太平。

【19. 无于水鉴,当于民鉴】

人无①于水监②,当于民监。今惟殷坠厥③命④,我其⑤可不大监抚⑥于时⑦!(《尚书·酒诰》)

注释

①无：不要。②监：通"鉴"，察看。③厥：其。④命：国命。⑤其：通"岂"，难道。⑥抚：览。⑦时：是、这。

译文

人不要只把水当作镜子来照察自己，应当把民众当作镜子来照察自己。现在殷商已丧失了他的天命，我们难道能不以这个史实为鉴深深地省察一下呢！

感悟

以史为鉴，可以知得失；以民为鉴，可以知天意。然而历史上利令智昏的统治者总是一意孤行，等待他们的只能是天怨人怨。

《诗经》

【1. 哀我人斯,亦孔之将】

既破①我斧,又缺②我斨③。周公④东征,四国是皇⑤。哀我人⑥斯,亦孔之将⑦。(《诗经·破斧》)

注释

①破:震碎。②缺:砍出缺口。③斨(qiāng):方孔斧。④周公:姓姬名旦,周武王的同母弟,曾带兵东征,平定纣王之子武庚和三叔(武王的三个弟弟,即管叔、蔡叔和霍叔)的叛乱,灭东方十七国。四国:说法不一,或指管、蔡、商、奄,或指殷、东、徐、奄。⑤皇:通"匡",匡正。⑥我人:士兵们自称。⑦将:借为"臧",美好,此指幸运。

译文

圆孔斧头已砍破,方孔斧儿又缺口。周公率兵去东征,四国匡定得安宁。可叹我们这些兵，保全性命已万幸。

感悟

"周公东征"维护了西周王朝的统一，符合历史发展潮流，是值得称颂的正义之举。虽然残酷的战争不知夺去了多少鲜活的生命，但战争往往又是维护和平、保护生命的一把利剑。在号称文明社会的今天，我们脱离战争危险了吗？远远没有。相反，如果谁忘记了战争，谁就将面临战争。

【2. 駪駪征夫，每怀靡及】

皇皇①者华②，于彼原③隰④。駪駪⑤征夫⑥，每⑦怀靡及。(《诗经·皇皇者华》)

注释

①皇皇：同"煌煌"，色彩鲜明的样子。②华：同"花"。③原：高而广的平地。④隰(xí)：低湿之地。⑤駪駪(shēn)：众多的样子。⑥征夫：行人，出使者。⑦每：每人。

167

缤纷绚丽朵朵花,开满洼地与山冈。众多往来的使臣,未尽功业放心上。

为了职责而无视美丽的风景,这是一个令人感动的敬业者形象。当今社会,这种敬业精神不仅没有过时而且尤显珍贵。敬业是一种习惯、一种品德。虽然它或许不能给我们带来立竿见影的成效,但它是我们获得别人尊重和成就事业的重要保证。

【3. 式讹尔心,以畜万邦】

昊天①不平,我王不宁。不惩②其心③,覆④怨其正。

家父⑤作诵⑥,以究王讻⑦。式⑧讹⑨尔⑩心,以畜万邦。(《诗经·节南山》)

注释

①昊天:泛指上天。②惩:戒止,改正。③其心:指周王朝执政大臣尹太师的内心。④覆:反而。⑤家父:周朝大夫。⑥诵:诗歌。⑦王讻:指周王任用的恶人。⑧式:发语词。⑨讹(é):感化,改变。⑩尔:指周王。畜:安抚。万邦:指四方诸侯各国。

译文

老天做事不公平,使我君王心不宁。太师不能戒邪念,反把正道来忌恨。家父所以作此诗,是为追究那恶人。以冀感化君王心,安抚万邦久昌盛。

感悟

中国古代社会,多少王朝兴衰更替、起起落落,你方唱罢我登场。如何保持一朝一国的长治久安?诗人希望通过惩戒贼臣、感化君王,从而实现重振朝纲的做法虽然难以实现,但也不乏真知灼见。是啊,王朝兴替与其说是天灾,倒更不如说是人祸。所以,只有找到一种让所有人都能尊重秩序、各安其分、各尽其职的制度和方法,才能确保国家长久的和平与繁荣。

【4. 巧言如簧,颜之厚矣】

奕奕①寝庙②,君子③作之。秩秩④大猷⑤,圣人⑥莫⑦之。他人有心,予忖度⑧之。跃跃⑨毚兔⑩,遇犬获之。

荏染⑪柔木,君子树之。往来⑫行言⑬,心焉数之。蛇蛇硕言,出自口矣。巧言如簧,颜之厚矣。(《诗经·巧言》)

注释

①奕奕:盛大的样子。②寝庙:指周王室宗庙。③君子:指周朝的开国君主如武王、成王等。④秩秩:宏伟的样子,一说明智。⑤猷(yóu):计谋。⑥圣人:指圣明之人,如周朝的开国功臣,如文王、武王、周公等人。⑦莫:通"谟",谋划。⑧忖度(cǔn duó):揣测思量。⑨跃跃:跳跃的样子。⑩毚(chán)兔:狡兔。⑪荏(rěn)染:柔弱的样子。⑫往来:指辗转相传。⑬行言:流言飞语。

巍峨高大的宗庙,开国君王把它造。建国大计真宏伟,圣人谋划好奇妙。他人对我有心计,思虑全面又周到。狡兔蹦蹦又跳跳,遇到猎犬跑不掉。佳木虽然弱枝条,那是君王亲手造。流言蜚语布四方,仔细盘算方可靠。自以为是说大话,口出谬言真可笑。花言巧语舌如簧,脸皮厚厚不害臊。

感悟

语言是人类特有的机能。人们有一万个理由为自己所拥有的语言能力而自豪,然而人们又可能因信口雌黄与颠倒黑白深受其害。生活中,那些厚颜无耻、巧舌如簧的鼠辈纵然可能权倾冲天、飞扬跋扈一时,但终不能逍遥一世。

【5. 淑人君子,怀允不忘】

鼓①钟②将将③,淮水汤汤④,忧心且伤。淑人⑤君子,怀⑥允⑦不忘。(《诗经·鼓钟》)

171

①鼓：敲。②钟：乐器。③将将："锵锵"（qiāng），形容钟声。
④汤汤（shāng）：水流大而急的样子。⑤淑人：善良有美德的人。
⑥怀：思念。⑦允：诚信。

　　敲钟声铿铿锵锵，淮河水浩浩荡荡，心中忧愁又哀伤。那些善
良诸君子，诚信满怀不相忘。

　　这里有鼓乐喧天，这里有浩浩淮水，作者无心欣赏却黯然神
伤，这是为什么呢？原来是那些所谓善良和诚实之人原本不善，也
原本不诚啊。真诚与善良是最值得歌颂的品德，它本然天成，无需
装扮，更不取决于财富的多少。对那些拥有权力、财富却反而丧失
善良与真诚的人，还值得你羡慕吗？

【6. 上天之载，无声无臭】

命之不易，无遏①尔躬②。宣昭③义问④，有⑤虞⑥殷自天⑦。上天之载⑧，无声无臭⑨。仪刑⑩文王，万邦作孚⑪。（《诗经·文王》）

注释

①遏：停止。②尔躬：自身。③宣昭：普遍的昭示。④义问：美好的声誉；问：同"闻"。⑤有：通"又"。⑥虞：考虑，猜想。⑦自天：来自天命。⑧载：运行。⑨臭（xiù）：气味。⑩仪刑：效法。⑪作孚（fú）：产生信用。

译文

保持天命不容易，不能断送你手上。美好声誉传四方，常虑上天灭殷商。冥冥上天载万物，无声无息自徜徉。效法文王做榜样，万邦信赖国乃昌。

天命即民意,顺之者昌,逆之者亡;水可载舟,亦可覆舟,此乃千古真理。

《7. 民亦劳止,汔可小康》

　　民亦劳止①,汔②可小③康④。惠⑤此中国⑥,以绥⑦四方。无⑧纵⑨诡随⑩,以谨⑪无良⑫。式遏寇虐,憯不畏明。柔远能迩,以定我王。(《诗经·民劳》)

注释

　　①止:语气词。②汔(qì):庶几,表示希望之副词。③小:稍微。④康:安居、安定。⑤惠:把国家治理好。⑥中国:指西周王朝直接统治地区。⑦绥:安定。⑧无:通"毋"。⑨纵:放纵。⑩诡随:诡诈欺骗的人。⑪谨:谨防。⑫无良:不良之人。

译文

百姓实在太辛苦,仅欲求得小安康。只有王国治理好,才能安定周四方。不得放纵欺骗者,定要谨防人无良。遏制掳夺与暴虐,神明不惧又何妨。远方安抚睦近邻,旨在稳定我周王。

感悟

没有普通民众的"小康"就没有王国的安定,没有王国的良好治理就不能威仪天下、安定四方;反过来,王国治理得井井有条又是百姓得以休养生息、实现小康的根本保证,良好的外部环境还是王朝稳定的重要条件。王国治理的关键在于严肃法纪、惩恶扬善。所有这些对我们如何全面实现小康生活,构建和谐社会也颇具启发意义。

【8. 辞之辑矣,民之洽矣】

天之方难①,无然②宪宪③。天之方蹶④,无然泄泄⑤。辞⑥之辑⑦矣,民之洽⑧矣。辞之怿⑨矣,民之莫⑩矣。(《诗经·板》)

注释

①难：指给予灾难。②然：如此。③宪宪：喜悦的样子。④蹶（jué）：失败，挫折。⑤泄泄（yì）：喋喋不休的样子。⑥辞：指发布的政令。⑦辑：和缓，和平。⑧洽：和谐融洽。⑨怿（yì）：借为"殬"（dù），败坏。⑩莫：借为"瘼"，病苦。

译文

上天正在降灾难，不可如此欣欣然。上天正在兴动乱，言语不可胡乱弹。政令如能多舒缓，百姓融洽心乃安。政令若是被败坏，百姓就要遭苦难。

感悟

回顾中国历史，多少王朝兴衰更替，多少生命生灭沉浮。其中充满的血腥杀戮和无尽冤屈让人不寒而栗。当历史上"一言以兴邦、一言以丧邦"的故事屡屡上演的时候，平民百姓只能感叹人世的悲凉与生命的短暂。所以，要确保政令宽舒得当、臣民心情顺畅，当政者务必谨言慎行。

【9. 民之多辟，无自立辟】

携①无曰②益③，牖④民孔⑤易。民之多辟，无自立辟。（《诗经·板》）

注释

①携：提携。②曰：语助词。③益：通"搤"（扼），扼制。④牖（yǒu）：通"诱"。⑤孔：很，甚。

译文

提携百姓莫强制，百姓原本易开导。百姓邪僻自有因，莫自立法把民扰。

感悟

统治者应该将维护自身统治和实现社会公平两者结合起来。

健全的法制既要维护法律的权威性又要保证法律的公正性。相反，如果一味强调维护统治者单方面的利益，甚至不惜"依法"剥夺被统治者的合法权利，这样的社会就不会长久，这样的法律也早晚会被废除。

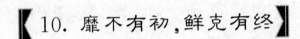

【10. 靡不有初，鲜克有终】

> 荡荡①上帝②，下民之辟③。疾威④上帝，其命多辟⑤。天生烝⑥民，其命匪⑦谌。靡不有初，鲜克有终。(《诗经·荡》)

注释

①荡荡：本用来形容流水奔流，此指恣意妄为、不守法制的样子。②上帝：此实指周王。③辟：君主。④疾威：暴虐，淫威。⑤辟：通"僻"，邪僻。⑥烝(zhēng)：众多。⑦匪：通"非"。

译文

恣意妄为那帝王，竟是百姓之君上。帝王暴虐又施威，政令总是太乖张。上天化育众百姓，无奈天命也虚妄。王朝无不有初善，善不能终国败亡。

古代帝王总是自诩为天子而君临天下，但实际上大多数帝王毫无君子之德，他们或荒淫愚蠢，或暴虐乖张。正因如此，中国历代王朝总是在有善始、无善终以及兴衰成败的交替之中不断前行，而这样的结果又必然导致社会财富的巨大浪费和历史发展的踟蹰不前。这是现代人们应该努力汲取的历史教训。

【11. 为谋为毖，乱况斯削】

> 为谋为毖①，乱况②斯削③。告尔④忧恤⑤，诲尔序⑥爵⑦。谁能执热，逝⑧不以濯⑨？其何能淑？载⑩胥及溺。（《诗经·桑柔》）

①毖：谨慎。②况：状况。③削：减少。④尔：指周王及当时执

179

政的大臣。⑤恤:忧虑。⑥序:安排。⑦爵:官位。⑧逝:语气词。⑨濯:用水冲洗。⑩载:语首助词。

谋略制定需谨慎,祸乱状况得消平。劝你多生忧民心,教君选贤又任能。若是手拿热东西,何人不用清水洗?如非惩恶来扬善,皆溺于水终丧身。

良好的开头是事业成功的一半,所以做什么事都要运筹帷幄、先谋而后动。至于那些掌握百姓生杀大权和命运的统治者更应恪尽职守、忧国忧民,否则他们也将自食其果,难逃被颠覆与惩罚的命运。

【12. 天生烝民,有物有则】

> 天生烝民,有物有则①。民之秉②彝,好是懿德。（《诗经·烝民》）

注释

①则：法则。②秉：持。

上天造就众生民，孕万物来育法则。百姓办事守常道，皆因欢喜好品德。

先人这种清晰而强烈的规则意识和道德观念非常可贵。可以说，我们现在的法律、规章、道德规范不可谓不多，然而人们遵纪守法和维护公德的意识与自觉性却不尽如人意。法盲者的我行我素、知法者的知法犯法甚至还有执法者的挟私辱法，凡此等等无不强烈地刺激着善良人们的神经。对此，每一个正直的人都不能等闲视之。

【1. 道德仁义,非礼不成】

道德仁义,非礼不成,教训正俗,非礼不备。分争辨讼①,非礼不决。君臣上下父子兄弟,非礼不定。宦②学事师,非礼不亲。班朝治军,莅官③行法,非礼威严不行。祷祠祭祀,供给鬼神,非礼不诚不庄。(《礼记·曲礼上》)

注释

①讼:指关于财产的官司。②宦:做官。③莅官:担任官职。

译文

道德仁义不通过礼就无法成就;教化、训导民俗使其走上正途,不通过礼就不完备;分辨纷争和案件的是非曲直,没有礼就不能决断;君臣、上下、父子、兄弟,没有礼就无法确定各自的名分;从师学习做官和学习知识,没有礼,师生之间就不能亲密;上朝列位,整治军队,担任官职,执行法令,没有礼就失去了威严;祈福祭祀,供养神灵,没有礼就不够虔诚和庄重。

中国素有"礼仪之邦"的美名,礼不仅渗透在政治、军事、法律、文化、教育等各个方面,而且是必备的治国之道。曾几何时,作为泱泱大国的华夏民族,以其博大精深的礼乐文明吸引着万国来朝,威仪显赫。

《2. 败则死之;危则亡之》

谋人之军师,败则死之;谋人之邦邑,危则亡之。(《礼记·檀弓上》)

指挥军队作战,打了败仗就应该自杀以殉国;负责治理国家,如果导致国事危难、政局不稳,就应该自我流放。

儒家"在其位,谋其政"的出仕观,张扬和挺立了一种担当意识和廉政意识。令人汗颜的是,今天那种"无过就是功"、"不谋其政而谋其私利"的渎职和腐败行为,与古人的政治智慧相比难以望其项背。

【3. 大道之行,天下为公】

孔子曰:大道之行也,天下为公。选贤与能,讲信修睦,故人不独亲其亲,不独子其子,使老有所终,壮有所用,幼有所长,矜①寡孤独废疾者,皆有所养。(《礼记·礼运》)

注释

①矜（guān）：通"鳏"。

孔子说：大道盛行的时代，天下是天下人的天下。选举贤能的人治理国家，讲究诚信，增进和睦，所以人们不只是孝敬自己的双亲，也不只是对自己的子女慈爱，而是使老年人都能够安享晚年，壮年人能够施展自己的才力，年幼的人能够健康成长，鳏寡孤独的人和残疾有病的人都能够得到供养。

没有把外物、天下据为己有的私欲和贪念，不仅折射个人的精神境界，也影响国家的政治走向及国民的精神风貌。这就需要我们重新审视一个似是而非的假命题：推行道德必然陷入空谈道德以至于误国误民。

【4. 大道既隐，天下为家】

孔子曰：今大道既隐，天下为家。各亲其亲，各子其子。货力为己。大人世及以为礼，城郭沟池以为固，礼义以为纪，以正君臣，以笃父子，以睦兄弟，以和夫妇，以设制度，以立田里，以贤勇知，以功为己。故谋用是作，而兵由此起。（《礼记·礼运》）

译文

孔子说：现在大道已经衰微，天下成了一家一姓的私产。人们只爱自己的亲人，只对自己的子女慈爱。买卖财货、出力劳作都是为了自己。君主和诸侯们把国家世代相传定为礼法，修建城郭沟池作为防护，制订礼义作为纲纪，来确定君臣之间的名分，加深父子之间的感情，融洽兄弟之间的情义，增进夫妻之间的关系，设立制度，划分田宅，推崇勇力和才智，把各种功利据为己有。于是，计谋出现了，战争兴起了。

感悟

　　自私的初衷也许是为了自己的利益和安好,然而往往事与愿违,得不偿失。辛苦劳作的人类因此不仅要应对自然界的风风雨雨,还要腾出手来解决由自己造成的各种剪不断、理还乱的是非和争端。

【5.南面治天下,必自人道始】

　　圣人南面而听天下,所且先者五,民不与①焉。一曰治亲,二曰报功,三曰举贤,四曰使能,五曰存②爱。五者一得于天下,民无不足无不赡③者。五者一物纰缪④,民莫得其死。圣人南面而治天下,必自人道始矣。(《礼记·大传》)

注释

　　①不与:不在其中。②存:抚恤。③赡(shàn):富足。④纰(pī)缪(miù):错误。

译文

　　圣人执掌政权治理天下，首先要做五件事情，还不包括治理民众。第一是治理好自己家族；第二是报赏有功劳的人；第三是选拔贤德的人；第四是任用有才能的人；第五是安抚举用有仁爱之心的人。这五件事情一旦能够做得到，民众没有不满意的没有不富足的，五件事情中哪一件出现差错，民众可就遭殃了。所以圣人掌权治理天下，一定会从人伦道德做起。

感悟

　　与其它各派学说不同，"齐家"理论是儒家独特的治国方案。治国以"齐家"为基础，而"齐家"建立在"修身"的基础上，"修身"的程度如何则可以通过能否"齐家"来验证。

【6. 入其国，其教可知】

　　孔子曰：入其国，其教可知也。其为人也温柔敦厚，《诗》教也；疏通知远，《书》教也；广博易良①，《乐》教也；洁②静精微，《易》教也；恭俭庄敬，《礼》教也；属辞③比事④，《春秋》教也。（《礼记·经解》）

注释

①易良:平易和善。②洁:简约。③属辞:指连缀词句。④比事:指比兴事物加以评论。

译文

孔子说:来到一个国家,这个国家的教化情况就能看得出来。民众温顺质朴,这是受到了《诗》的教化;通达而知晓古今,这是受到了《书》的教化;心胸宽广、平易和善,这是受到了《乐》的教化;宁静细致入微,这是受到了《易》的教化;恭敬谦让,这是受到了《礼》的教化;善于言辞、评议是非,这是受到了《春秋》的教化。

感悟

《五经》是礼乐文化的重要文字载体,蕴涵着教化众生的巨大智慧。中华文明之所以能够历经数千年的风雨洗礼,至今仍然显示出她强大的生命力和影响力,《五经》功不可没。

【7. 使人徙善远罪而不自知】

礼之教化也微①,其止邪也于未形,使人日徙善②远罪而不自知也,是以先王隆之也。(《礼记·经解》)

①微:细微而不易觉察。②徙善:趋向善良。

礼的教化作用是在不知不觉中进行的,它能够在邪恶还没有形成之前就将其止息,能够使人们一天天在潜移默化中趋向善良、远离罪恶而又察觉不到。所以先王特别尊崇礼。

先贤们的智慧令人不得不叹服。现代社会的法律比之于古代

的"王法"不可谓不详尽完备,可是在应用中总嫌不够完善,尽管各种各样的"修正案"、"补充条例"相继出台,可还是有不断出现的"法律空白"让执法者疲于奔命。

【8.君之所为,百姓之所从】

孔子曰:"人道,政为大。政者正也。君为正,则百姓从政矣。君之所为,百姓之所从也。君所不为,百姓何从?"(《礼记·哀公问》)

孔子说:"人伦道德中,政治是最重要的。所谓'政',就是'正'。君王如果能够走正道,那么百姓自然就会服从治理了。君王的所作所为,是百姓所依从的榜样。君王不主动走正道,百姓照什么去做呢?"

政治就是要求君王们以身作则走中正之道,使天下归服。儒

家创始人对政治的理解可谓经典独到,既有别于西方人"众人之事"的理念,又不同于现今人们视政治为名利场上的角逐这一心态。

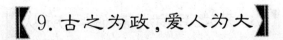

【9.古之为政,爱人为大】

孔子曰:"古之为政,爱人为大。不能爱人,不能有其身;不能有其身,不能安土;不能安土,不能乐天[①];不能乐天,不能成其身。"(《礼记·哀公问》)

注释

①乐天:安享天命而不怨天尤人。

译文

孔子说:"古代的政治,把对民众的仁爱看得最为重要。不能对民众仁爱,就不能保全自身;不能保全自身,就不能安定地治理国土;不能安定地治理国土,就不能安享天命;不能安享天命,就不能成就自身了。"

只有成就别人才能成就自己。体恤民情、修德安民,是政治的本义、君王的天职。儒家并不仅仅片面强调民众尊君、作顺民,同时还对君王提出了相应的要求,给君王无疑也增加了一种无形的压力。

【10. 奉三无私以劳天下】

> 子夏曰:"三王之德,参于天地,敢问:何如斯可谓参于天地矣?"孔子曰:"奉三无私以劳天下。"子夏曰:"敢问何谓三无私?"孔子曰:"天无私覆,地无私载,日月无私照。奉斯三者以劳天下,此之谓三无私。"(《礼记·仲尼闲居》)

子夏问:"夏商周三代先王们的德行,与天地并齐。请问怎样才能达到与天地并齐呢?"孔子说:"奉行三无私的精神来治理天下。"子夏问:"请问什么是三无私?"孔子说:"天覆盖万物没有偏私,地承载万物没有偏私,日月普照万物没有偏私。用这三种精神治理天下,就叫做三无私。"

感 悟

　　人的德行要取法于天地日月,坦荡无私、无所偏私,这是儒家"天人合一"理论的实质,其间渗透着感恩和敬畏天地的情愫。

【11. 贵人而贱禄】

　　　子云:"君子贵人而贱己,先人而后己,则民作让。""有国家者,贵人而贱禄①,则民兴让;尚技而贱车②,则民兴艺。"(《礼记·坊记》)

注释

　　①贱禄:指不吝啬颁发俸禄。②车:指君王赏赐给臣下的车马服饰。

孔子说："君子尊重别人而贬低自己，在利益面前先考虑别人，而后才想到自己，如果都能这样，民众自然就会兴起谦让的风气。""治理国家的人，如果尊重人的才能而不惜颁封爵禄，那么，民众就会以谦让为美德；如果崇尚人的技艺而不惜赏赐车服，那么民众就会以学习技艺为乐事。"

民风的归正需要用合乎德性的方式来引领。儒家重义轻利、尚德尊贤的德性行为并非徒劳无益的不实之举。

【12. 善则称人，过则称己】

子云："善则称人，过则称己，则民不争；善则称人，过则称己，则怨益亡。""善则称人，过则称己，则民作忠。""善则称人，过则称己，则民做孝。"（《礼记·坊记》）

译文

　　孔子说:"有美德善行则归功于他人,有过错不足则自己承当,这样民众就不会发生争执;有美德善行则归功于他人,有过错不足则自己承当,这样怨恨就会日益减少。""有美德善行则归功于他人,有过错不足则自己承当,这样民众中就会兴起忠信的风气。""有美德善行则归功于他人,有过错不足则自己承当,这样民众中就会兴起孝顺的风气。"

感悟

　　道德的感染力是持久而深厚的,推贤让德的善行有助于敦厚民众的品性,明君圣王即使有德于民众也不敢"贪天之功"。如果人人都能够胸怀宽广,把功绩归于别人,将过失归咎于自己,那么社会关系自然和睦融洽。

~~~《春秋》~~~

【1. 众叛亲离，难以济矣】

> （众仲）①对（鲁隐公）曰："臣闻以德和民，不闻以乱。以乱，犹治丝而棼②之也。夫州吁③，阻兵而安忍。阻兵，无众；安忍，无亲。众叛、亲离，难以济矣。夫兵，犹火也；弗戢④，将自焚也。"（《左传·隐公四年》）

------

①众仲：鲁国大夫。②棼（fén）：使……纷乱。③州吁：卫国人，杀害国君而自立。④戢（jí）：收藏，制止。

译文

（众仲）对（鲁隐公）说："我听说要用德行安定百姓，而不曾听说用祸乱的。用祸乱,就好比要理出乱丝的头绪反而更加混乱。州吁只知道依仗武力,毫无仁慈之心。依仗武力就会失去百姓,安于残忍就会没有亲信。这样老百姓就会反对他,亲信的人也会离开他,他的政权不会长久。战争,就像火一样,如果一味用兵而不加收敛,他就会玩火自焚。"

 感悟

得道多助,失道寡助。这是被历史一再证明的普遍真理。历史上,那些穷兵黩武、失德于民的暴君,最终无不众叛亲离、玩火自焚。

五经金言

【2. 亲仁善邻,国之宝】

五父①谏②曰:"亲仁善邻,国之宝也。"(《左传·隐公六年》)

 注释

①五父:陈国贵族。②谏(jiàn):劝谏。

五父劝谏(陈侯)说:"亲近、保持仁义并能结交、善待邻国,这是保持国家长治久安的重要法宝。"

感悟

历史上王朝的统治不外乎王道和霸道两种主要途径。前者旨在施人道、倡仁义,保持社会成员的和谐共处;后者则崇尚武力,弱肉强食,一切唯我独尊。事实上,纯粹的王道和霸道既不存在,也不可行,只有王霸并行、文武兼备才是可取的。

【3. 度德而处之,量力而行之】

……礼,经①国家,定②社稷,序③民人,利后嗣者也。许④,无刑⑤而伐之,服而舍之,度⑥德而处之,量力而行之。相时而动,无累⑦后人,可谓知礼矣。(《左传·隐公十一年》)

199

注释

①经：治理。②定：安定。③序：使有秩序。④许：许国。⑤无刑：违背法度。⑥度：量。⑦累：累及。

译文

……礼，是治理国家、安定社稷、使百姓有序、对后代有利的工具。许国违背法度就去讨伐它，服罪了就宽恕它，揣度德行而处世，衡量自身力量而办事。看准时机行动才不会连累后人，可以说是懂得礼了。

感悟

古人不仅推崇"礼"在治国安邦、安抚百姓中所起的重要作用，而且还很注重"礼"运用的方式与方法。度德而处、量力而行、相时而动所体现的丰富的辩证法思想，值得我们身体力行。

【4. 政以治民，刑以正邪】

"政以治民，刑以正邪。既无德政，又无威刑，是以及邪。邪而诅[1]之，将何益矣！"（《左传·隐公十一年》）

注释

①诅（zǔ）：诅咒。

译文

"政治用来治理百姓，刑罚用来纠正邪恶。既缺乏有道德的政治，又缺乏有威信的刑罚，所以才会发生邪恶。邪恶发生后再去诅咒，不会有什么作用的！"

感悟

　　传统中国社会追求一种政刑互补、宽猛相济、恩威并重的社会治理模式,虽说与现代民主制度尚有很大差距,但也不失为一种大家可以接受的制度安排。

【5. 夫民,神之主】

> 　　(季梁)①对(随侯)曰:"夫民,神之主也,是以圣王先成民而后致力于神……今民各有心,而鬼神乏主;君虽独丰,其何福之有? 君姑修政,而亲兄弟之国,庶②免于难。"(《左传·桓公六年》)

注释

　　①季梁:随国的贤者。 ②庶:或许。

（季梁）回答（随侯）说："百姓，是神灵的主人。因此圣王先团结百姓而后才致力于神灵……现在百姓各有异心，鬼神失去了主人，君王一个人祭祀丰盛，又能求得什么福气？君王应该修明政事，亲近兄弟国家，这差不多还可以免于祸难。"

世界本无所谓神，当人们按照自己的模样创造出一个神的时候，民和神的关系便出现了。在犹太教、基督教、伊斯兰教中，神是万物的主宰，民完全从属于神、听命于神。而"民为神主"则是我们先人对于民与神关系的一种回答，它所体现的主体精神和民本思想，是一笔宝贵的精神财富。

【6. 俭，德之共也；侈，恶之大】

御孙①谏曰："臣闻之：'俭，德之共②也；侈，恶之大也。'先君有共德而君纳诸大恶，无乃不可乎！"（《左传·庄公二十四年》）

注释

①御孙：鲁国大夫。②共：通"洪"，洪大的意思。

译文

御孙进谏说："臣下听说：'节俭，是善行中的大德；奢侈，是邪恶中的大恶。'先君具有大德，而君王您却把它放到大恶里去，未免不可以吧！"

感悟

勤俭是一种生活态度和价值追求，不因时代和财富多少而变化。如果我们都能自觉恪守勤以修身、俭以养德的古训，自然就不会落入庸俗的窠臼，从而让心灵得以清净，让有限的生命得以无限放大。

7. 国将兴，听于民；将亡，听于神

史嚚①曰："虢②其亡乎！吾闻之：国将兴，听于民；将亡，听于神。神，聪明正直而壹③者也，依人而行。虢多凉④德，其何土之能得？"（《左传·庄公三十二年》）

注释

①史嚚（yín）：一个叫嚚的太史。②虢（guó）：虢国。③壹：一心一意。④凉：浅薄。

译文

史嚚说："虢国恐怕就要灭亡了吧！我听说：国家将要兴起，会听取百姓的意见；将要灭亡，就去听从神灵的差道。神灵，聪明正直而又一心一意，它会按照不同的人而办事。虢国尽做缺德之事，又能得到什么土地呢？"

得民心者得天下,失民心者失天下。这本是一个朴素的道理,然而并不是所有人都能引以为鉴。古人认为神灵"依人而行"看到了"人为"的意义,非常可贵。

【8. 欲加之罪,其无辞乎】

（里克）①对（晋惠公）曰:"不有废也,君何以兴?欲加之罪,其②无辞乎?臣闻命矣。"伏剑而死。(《左传·僖公十年》)

①里克:晋国大臣,曾帮助晋惠公登上王位。②其:难道。

（里克）回答（晋惠公）说:"如果不废除别人,君王您怎么能坐上王位？要给别人加上罪名，还怕没有证据吗？我已经听到命令了。"于是用剑自杀而死。

历代统治者总想控制着对臣民生杀予夺的大权，而这又必然招致臣民的仇恨和反抗。大臣与君主都是这种不平等君臣关系的牺牲品，所以建立一种双向制约、平等的君臣关系才是稳定和可持久的。

《9. 皮之不存，毛将安傅》

> 庆郑①曰："背施，无亲；幸灾，不仁；贪爱，不祥；怒邻，不义。四德皆失，何以守国？"虢射曰："皮之不存，毛将安傅②？"（《左传·僖公十四年》）

注释

①庆郑、虢（guó）射：晋国大夫。②傅（fù）：附着，靠近。

　　庆郑说："背弃恩惠就没有亲人,幸灾乐祸就不会仁慈,过度贪婪就不会祥瑞,无端激怒邻国就是不义。如果丢掉了四种道德,拿什么来保卫国家?"虢射说："皮已经不存在,毛又将附着在哪里?"

　　虢射消极地看待两国关系,主张对抗到底,以怨报怨;庆郑则完全相反,主张以德报怨,以和为贵。前者只能增加双方怨气,不值得提倡;后者值得肯定,但它又难以真正实行。真正的和平乞求不来,它最终还要靠实力做坚强的后盾。

【10. 信,国之宝】

　　公[1]曰："信,国之宝也,民之所庇也。得原[2]失信,何以庇之? 所亡滋多。"(《左传·僖公十五年》)

①公:晋文公。②原:一个诸侯国名。

　　晋文公说:"信用就是国家的宝贝,百姓要靠它庇护。如果得到原国而失去信用,拿什么庇护百姓呢?所丢掉的东西就会更多。"

　　恪守信用、一诺千金对处理人与人、国与国关系意义重大。守信是自信的外显,守信讲求对等与互惠。就个人而言,如果他失信于人,失信于社会,最终必将孤立无援、寸步难行。

【11. 知人也,举善】

　　秦穆公①之为君也,举人之周②也,与人之壹③也;孟明④之臣也,其不解⑤也,能惧思⑥也;子桑⑦之忠也,其知人也,能举善也。(《左传·文公三年》)

注释

①秦穆公:春秋五霸之一。②周:周到,全面。③壹:专一,无二心。④孟明:百里奚之子,为人忠诚尽职。⑤解:同"懈",懈怠。⑥惧思:因畏惧而思考。⑦子桑:秦国大夫,曾举荐百里奚。

译文

秦穆公作为国君,提拔人才考虑全面,任用人才专一无二;孟明作为臣下,努力不懈并能谨思慎行;子桑忠诚,他不仅了解别人而且能够推荐好人。

感悟

知人是一种能力,举善则是一种品德,能将两者完美融合的就是真正的伯乐。生活中太需要伯乐了,伯乐那种宽广的胸怀和智慧的眼光正是当下许多人所欠缺的。

【12. 先人有夺人之心，军之善谋】

宣子①曰："……先人有夺人之心，军②之善谋也。逐寇如追逃，军之善政也。"训卒，利兵，秣③马，蓐食④，潜师夜起。（《左传·文公七年》）

注释

①宣子：晋灵公时卿大夫赵盾。②兵：武器。③秣（mò）：作动词，喂牲口。④蓐（rù）食：吃得饱饱的；蓐，厚食。

译文

宣子（赵盾）说："……在敌人之前就采取行动并且有夺取敌人的坚强决心，这是作战的好计划。驱逐敌人好像追赶逃兵，这是作战的好方案。"于是就教训士兵，磨快武器，把马匹喂足，让部队吃饱，隐蔽行动，夜里出兵。

　　"三军可夺气,将军可夺心",大军事家孙子告诉我们,要取得战争胜利,就要使敌方士兵丧失锐气,使敌方将领动摇决心。宣子与孙子一样看到"军心"的重要性,可谓英雄所见略同。

【 13. 民者,君之本 】

　　宋人以①齐人、蔡人、卫人、陈人伐郑。以者,不以者也。民者,君之本也。使人以其死,非正②也。(《左传·桓公十四年》)

注释

　　①以:用。②正:合乎正道。

　　宋国调用齐国人、蔡国人、卫国人、陈国人去攻伐郑国。所谓"以"的意思,就是不应当去用。民众,是国君的根本。驱使民众去打仗送死,这是不合乎正道的。

　　民本思想是对君本思想的巨大进步,不过这种进步也是有限的,因为它仍然保留了君主这个前提。所以,民为君本不是真正的人民当家做主。只有当社会真正发展成为共产主义这个自由人联合体的时候,一个真正的大同社会才可能实现。

【14. 礼以行义,义以生利】

　　仲尼闻之曰:"……名①以出信,信②以守器③,器以藏④礼,礼以行义,义以生利,利以平民,政之大节也。若以假人,与人政也。政亡,则国家从之,弗可止也已。"(《左传·成公二年》)

　　①名:官爵的名号。②信:威信。③器:指诸侯用于悬挂的各种乐器和马身上的装饰物。④藏:包含,体现。

孔子听说这件事,说:"……名号可以赋予威信,威信用来保持器物,器物用来体现礼制,礼制用来推行道义,道义用来产生利益,利益用来治理百姓,这是政权中的大关键。如果借给别人,这就等于把政权交给了别人。政权丢了,国家也就跟着丢掉,这是无法阻止的。"

感悟

人过留名,雁过留声。"名"不仅是国家大事,也是个人大事。就利而言,避苦趋乐是人类的本性,追求利益、享受生活也合情合理,但切不可忘记"君子爱财,取之有道"的古训。

【15. 从善如流】

君子曰:"从善如流,宜哉!《诗》曰:'恺悌①君子,遐不②作人?'求善也夫!作③人,斯有功绩矣。"(《左传·成公八年》)

注释

①恺悌(kǎi tì)：和颜悦色，容易接近。②遐不：何不。③作：起用，选拔。

译文

君子说："听从好的主意好像流水一样（顺其自然），这是多么恰当啊！《诗》说：'平易近人的君子，为什么不起用人才？'这就是要选拔有才有德之人啊！如果真能起用人才，这就是大功一件。"

感悟

当今世界的竞争是综合国力的竞争，而归根结底是人才的竞争。国家提出"尊重知识、尊重人才、尊重劳动、尊重创造"的方针非常及时。不过，现实生活中忽视人才、埋没人才甚至压制人才的现象仍然大量存在。"千里马常有，而伯乐不常有"的状况不能再继续下去了。

【16. 官不易方,爵不逾德】

> 凡六官①之长,皆民誉也。举不失职,官不易方②,爵不逾德,师不陵正,旅不逼师,民无谤言,所以复霸也。(《左传·成公十八年》)

注释

①六官:泛指晋悼公时期各部门的长官。②方:指常规旧典。

译文

凡是各部门的长官,都是百姓赞扬的人。举拔的人不失职,做官的人坚守常规,爵位不超过自己的德行,师不欺凌正,旅不逼迫师,百姓没有诽谤的言论,这就是他所以再次称霸诸侯的原因。

感悟

由于对官道和官德的推崇造就了很多为后人所敬仰的清官，由此形成了国人独特的"清官情结"，至今影响依然很深，甚至还成为评价如今官员的一把尺度。殊不知，"清官"不等同于"公仆"，我们更需要新世纪的"公仆"。

【17. 礼，上下之纪】

简子①曰："甚哉，礼之大也！"（子大叔）对曰："礼，上下之纪②、天地之经纬也，民之所以生也，是以先王尚之。故人之能自曲直以赴礼者，谓之成人。大，不亦宜乎？"（《左传·昭公二十五年》）

注释

①简子：赵简子。②纪：纲纪。

赵简子说:"礼的宏大已经到了极点!"(子大叔)回答说:"礼,是上下的纲纪、天地的准则,百姓所赖以生存的,因此先王尊崇它。所以人们能够从不同的天性经过改造或直接达到礼的,就叫做成人。所以,说礼非常宏大,不是很恰当吗?"

"礼"本应具有的普遍约束力在统治者那里几乎丧失殆尽,成为一种装潢或摆设;当"礼"变得虚伪,甚至成为禁锢普通人们思想与行为枷锁的时候,这样的礼还能"成人"吗?

【18. 有礼无败】

(声子)① 对曰:"……古之治民者,劝②赏而畏刑,恤③民不倦……三者,礼之大节也。有礼无败。"(《左传·襄公二十六年》)

注释

①声子：蔡国太师公子朝的儿子。②劝："欢"借用字，表示"乐于"之义。③恤：体恤，忧愁。

译文

声子回答说："……古代治理百姓的人，乐于赏赐而怕用刑罚，愿为百姓操心却不知疲倦……这三件事，是礼仪中的大关键。有礼仪就不会败坏。"

感悟

有"礼"走遍天下，无"礼"寸步难行。当"礼"能够被全体成员都自觉遵循的时候，社会就会稳定而且持久。然而曾几何时，礼仪在许多人心目中被淡化了，以至形成一种世风日下、人心不古的乱象。素有"礼仪之邦"之称的我们该警醒了！

【19. 苟利社稷，死生以之】

子产曰："苟利社稷，死生以之①。且吾闻为善者不改其度②，故能有济也。民不可逞③，度不可改。"（《左传·昭公四年》）

①死生以之：以，由；意思是已将生死置之度外。②度：法制。③逞：放纵。

子产说："如果有利于国家，我将置生死而不顾。而且我听说，要做好事的只有不改变他的法制，才能够有所成功。所以，百姓不能放纵，法制不可更改。"

感悟

　　无欲则刚。子产的气魄和胆量正是来源于他的公正与无私。正因为子产时时处处以社稷为重,他才敢为天下先,大胆改革,从而给郑国带来了崭新气象,也成就了他著名政治家的千古英名。

【20. 大一统】

　　　　何言乎王正月①? 大一统也。(《春秋公羊传·隐公元年》)

①王正月:指周历的正月。

　　说周王的正月是什么意思? 是要让天下诸侯统一于周天子。

221

感 悟

　　周王朝一统江山近八百年，它所追求的"大一统"政治理想奠定了日后中华民族追求统一、反对分裂的民族精神。尽管其间，多少王朝兴衰更替，分分合合，但人民的愿望总是希望回到大一统的局面，这也成为我们今天实现国家统一、民族团结的重要精神力量。

三、为学励志

我国有重视教育的优良传统。由于文化传统的重合不重分，我们先人从不把学问分割得支离破碎，而是讲究知行合一、学以致用。《五经》的教育思想就体现了这一点，在它提倡的传统"六艺"之学中，尤其注重磨炼人们的品行，体现了为学与励志的有机统一。

《易经》教育思想比较丰富，如"蒙"卦中的"童蒙求我"，就是要发挥学生的主体作用，提倡主动地学习，把教育看作学生自身的需要；而"包蒙吉"则是强调有教无类，教育要面向全体学生，言简意赅，发人深省；"天行健，君子以自强不息"更是要求君子犹如上天般刚健有力，奋斗不止，可谓掷地有声，令人振奋。《尚书》提醒人们"学于古训乃有获"，要求人们学习古训，务必时时努力，才有收获，进而告诫人们不要"玩人丧德，玩物丧志"。《诗经》借周成王之口，要求人们"日就月将，学有缉熙于光明"，即日日都要有所成就、月月都应有所奉行，学习才能不断积累，进入大清明的境界。《礼记》的教育思想，如"学然后知不足"、"善学者，师逸而功倍"以及"玉不琢，不成器"、"不兴其艺，不能乐学"等等至今对我们仍有所启发。《左传》中告诉我们学习要循序渐进的道理，正如鲁国大夫闵子马所说，"夫学，殖也"，学习就要像种庄稼一样，日积月累，不可荒废。

《五经》提出的一系列教育思想，尤其是它的"素质教育"理念，对我们今天仍有重要借鉴意义。

《周易》

【1. 自疆不息】

> 天①行健②，君子以自疆③不息。（《周易·象传》）

注释

①天：乾卦，也为自然天体。②健：刚健，强盛。③疆：同强。

译文

天体运行周而复始、刚健有力；君子要效法这一精神，自我奋发图强，并且永不停息地奋斗下去。

使自己真正崛起的主体是自己；自强的过程就是要象天体一样始终保持刚健的永不停息的运动。唯有炼就"能转万物，不受万物转"的修养功夫，才算真正进入了自强自立的道德境界。

《2. 与时偕行》

终日乾乾①，与时②偕③行。（《周易·文言》）

①乾乾：健而又健，努力不懈。②时：时间。③偕：偕同。

终日健进不已，要同时间一起前进。

时间是为奋斗者留下的有效的生命。要让一刻不停的时间把自己带动起来，拖卷起来，与时间一同前进！决不可陷进时进我不进的可耻的滞重与懈怠。

【3．学以聚之】

> 君子学以聚①之，问②以辩之，宽③以居④之，仁⑤以行之。（《周易·文言》）

注释

①聚：积累。②问：疑问。③宽：宽厚。④居：停留，居住，意为平常居家。⑤仁：仁爱。

译文

君子治学要注重对知识的不断积累，并通过设置疑问辩明是非正伪的界限;平时居家以宽厚的态度待人接物,本着仁爱的精神将平生所学用于社会实践。

学而不聚,必定中途而废;疑而不问,必定不进且渐退;博学易生傲气,最难待人以宽;学而不用,知识就不能产生力量。

【4. 君子以经纶】

云①雷②屯③,君子以经纶④。(《周易·象传》)

①云:坎卦。②雷:震卦。③屯:卦名,由坎上震下组成,象征天地初创、一切都处在艰难的囤积中。④经纶:织布时理顺纱线,引纲为经,理绪为纶,用以比喻策划经营。

译文

坎云在震雷之上,构成象征艰难囤积的屯卦;君子当此之时应该承担为天下建纲理绪的重大责任。

感悟

天造草昧的艰难时世,必定催生开天辟地的壮志;而要解除艰危的世运,则又仰仗经天纬地的大略雄才。

【5. 击蒙】

击①蒙②,不利为寇③,利御④寇。(《易经·蒙》)

注释

①击:攻击,惩治。②蒙:卦名,象征蒙昧、启蒙。③寇:盗寇。
④御:防御。

228

译文

惩治蒙昧者,不是充当盗寇去袭击他,而是为了防止他沦为盗寇。

感悟

对蒙昧者进行必要的惩治,目的是为使他不至于沦为盗寇;若下手过于刚猛,则容易把受教育者变成仇敌。

【6. 以懿文德】

风①行天②上,小蓄③;君子以懿④文德⑤。(《周易·象传》)

注释

①风:巽卦。②天:乾卦。③小蓄:卦名,由巽上乾下构成,因有一阴蓄止众阳,故象征小障碍和小蓄积。④懿(yì):美。⑤文:

德之华,即道德的光华。

译文

巽风吹拂乾天(使云彩壮丽),构成小蓄卦;君子因此(施行以柔蓄刚之道)倾情美化道德的光华。

感悟

这是以道德的光辉,来对付阳刚的威猛;合理施行以柔蓄刚之道,可化百炼钢为绕指柔。

【7. 劳谦】

劳①谦②,君子有终;吉。《象》曰:劳谦君子,万民服也。(《易经·谦之九三》)

①劳：勤劳。②谦：谦虚。

勤劳而又谦虚，君子如能把这一美德保持始终，必定吉祥。《象传》说：勤劳而又谦虚的君子，能够赢得天下万民的敬仰和服从。

位显而勤劳，功高而谦虚，不仅不失身份与体面，反而是一种上可受托重任、下可使万民归心的施政美德。

【8. 明庶政】

山①下有火②，贲③；君子以明④庶政，无敢折狱。（《周易·象传》）

①山：艮卦。②火：离卦。③贲：卦名，由艮上离下构成，象征文饰。④明：修美，彰显。

 译文

艮山之下有离火，构成象征文饰的贲卦；君子因此英明料理和公开众多政务，但对处理讼狱不可滥用文饰之道。

感悟

把贲卦的精神用于彰显和公开政务，以利加强民众对于政府的了解与监督；把止于文饰的原则用于理讼断狱，旨在求公求实。一卦两用，无一不恰到好处。

【9. 舍尔灵龟】

舍①尔灵龟②，观我朵颐③，凶。（《易经·颐之六二》）

注释

①舍:舍弃。②灵龟:乌龟,古代以龟壳占卜,且龟能多日不食,故称灵龟。③朵颐:指下颚下垂、张口进食的样子。

译文

把你自己灵魂般的智慧舍弃不用,目不转睛地盯着我垂腮进食,这很危险。

感悟

位贱心高,才一味贪恋他人富贵;位高心贱,才对自己的智与力丧失信心;这种人梦想成空、无地自容之期已经不远了!

【10. 常德行、习教事】

> 水洊①至,习②坎③;君子以常④德行、习教事⑤。
> (《周易·象传》)

①洊(jiān):再。②习:重叠。③坎:卦名,象征险难,这里作水解。④常:持久不断。⑤教事:教化的事务。

水流叠连滚滚而来,形成重叠的坎卦;君子应效法这一精神,持续不断地保持令德美行,反复从事教化天下的事业。

只要君子的个人美德如流水滔滔不绝,君子的教化之功也如流水滔滔不绝;如此深积广推,触类旁通,就构成了化成天下的基本路径与历程。

【11. 易穷则变】

易①穷②则变,变则通③,通则久④。(《周易·系辞》)

注释

①易：易经之道。②穷：穷尽。③通：通达。④久：恒久。

译文

易道于走投无路之时开始发生变化，有了变化就有可能走向通达，维持通达就能保持恒久。

感悟

凡事在走投无路之际，就必须发动变革；始终在事物发展的各个阶段和环节保持畅通无阻，就是实现恒久之道的根本法则。

【12. 迁善改过】

风①雷②益③，君以见善则迁，有过则改。（《周易·象传》）

注释

①风：巽卦。②雷。震卦。③益：卦名，由巽上震下构成，有雷助风势、风增雷威之意，象征增益。

译文

风雷交助，构成益卦；君子因此看见善美的品行就学习，有了过错就改正。

感悟

向着善美的方向不断迁进，当然是提高和增强了自己的素质；有了过错就能立即改正，也意味着自己的素质得到进一步的增强和提高；所以，"迁善改过"是不断提高和增强自己的素质的重要手段。那种盲目自赏、我行我素且拒不迁善改过的人，是很难在素质上获得升进的。

【13. 积小以高大】

地①中生木②，升③；君子以顺德积小以高大。（《周易·象传》）

注释

①地：坤卦。②木：指巽卦。升：卦名，由坤上巽下构成；坤、巽俱有顺的意思，象征木在地中沿着柔顺之道顺利升进。

译文

地中生木，构成升卦；君子因此以和顺的美德，从小处耐心积累以成就崇高而宏大的事业。

感悟

过刚容易树敌，所以和顺者最利升华；大由小组成，所以善于积累的人方能成就伟业。

【 14. 制数度、议德行 】

泽①上有水②，节③；君子以制数度④、议德行。（《周易·象传》）

①泽：兑卦。②水：坎卦。③节：卦名，象征水溢泽上、必须加以节制。④数度：礼数、法度。

泽上有水，构成节卦（象征节制）；君子因此制订礼数、法度为准则，并对德行经常予以评议。

感悟

"制数度"是用制度来施行节制,"议德行"是用舆论来加强节制;所以,用制度和舆论构筑起一道节制的堤坝,就能确保世道人心向着正确的方向滚滚向前。

〜〜〜《尚书》〜〜〜

【1.无游于逸,无淫于乐】

> 儆戒①无虞②,罔③失法度④,罔游于逸,罔淫⑤于乐。(《尚书·大禹谟》)

注释

①儆(jǐng):警戒。②虞:失误。③罔:无。④法度:法则。⑤淫:过分。

要警戒不要产生失误，不要放弃法则，不要贪图安逸，不要放纵享乐。

感悟

沉湎于安逸享乐，是败坏德性，背离法度的开端，让人在不知不觉中丧失心智，甚至心甘情愿地走向歧途。

【2. 人心惟危，道心惟微】

人心①惟危②，道心③惟微④。惟精⑤惟一⑥，允⑦执⑧厥中。（《尚书·大禹谟》）

注释

①人心：指受形体外物影响而易于产生私欲的思想。②危：险。③道心：指发自于义理而无私欲的思想。④微：精微。⑤精：

精研。⑥一：专一。⑦允：信。⑧执：执守。

人心自私危险，道心暗昧不显，一定要精诚专一，诚实地遵行正道。

人的私欲可能会使人背离自己的良心和应遵循的道义，最终将自己引向灾祸。以道心驾驭人心，精诚专一，方可问心无愧，从容应对。

【3. 满招损，谦受益】

满招损，谦受益，时①乃天道。（《尚书·大禹谟》）

241

注释

①时:是,这。

译文

骄傲自满招致损失,谦虚谨慎得到好处,这是不可改变的自然规律。

感悟

骄傲自满会使自己遭受损害,表现是无知;谦虚谨慎会使自己得到益处,表现的是做人的美德。

【4.作善,降之百祥】

圣谟①洋洋②,嘉③言④孔⑤彰⑥!惟上帝不常,作善,降之百⑦祥;作不善,降之百殃。尔惟德罔小⑧,万邦惟庆;尔惟不德罔大,坠厥⑨宗。(《尚书·伊训》)

注释

①谟:谋。②洋洋:美好。③嘉:善。④言:训言。⑤孔:大。⑥彰:显明。⑦百:各种。⑧罔小:不怕小。⑨坠:失。

译文

圣人的谋略十分完善,留下的善言也非常明白。上天并不总是眷顾哪个人,对于做善事的,就赐给福分;对于做恶事的,就降下各种灾祸。你做的好事不论多么小,天下的人都会感到庆幸;你做的坏事即使不大,也会得到报应。

感悟

有人上天最靠不住,因为命运反复无常,不可捉摸;也有人认为上天又最靠得住,因为他以德取人,无所偏爱。是灾是福,皆在人为,毫厘不差。

【 5. 视远惟明，听德惟聪 】

奉①先②思孝，接下思恭。视远惟明，听德惟聪。
《尚书·太甲中》

注释

①奉：遵奉。②先：先祖。

译文

事奉先人，当心怀孝敬；接待臣下，当心怀恭敬。高瞻远瞩才算眼睛明亮，听从善言才算听觉灵敏。

感悟

君王失德有其通例：其一遗忘祖训，将天下视作自己的私家财产；其二贪图安逸，狂妄自大，为所欲为；其三视听昏乱，唯有巧言令色者投其所好。

【6.虑善以动,有备无患】

虑①善以动,动惟厥②时。有③其善,丧其善;矜④其能,丧其功。惟⑤事事⑥,乃其有备,有备无患。(《尚书·说命中》)

注释

①虑:考虑。②厥:其。③有:自以为有。④矜:自夸。⑤惟:语首助词。⑥事事:做事情。

译文

官职不可授予自己亲近的人,应根据他的才能;爵位不可赐给坏人,应看他是否贤良。考虑妥善后采取行动,采取行动又要考虑时机。自以为有德行,反而会丧失了德行;自夸其才能,反而会丧失功绩。做事情,要有准备,有准备才没有后顾之忧。

功成事遂是天时、地利、人和诸多因素的因缘和合所致,这需要君王具备审时度势的明智、任官惟贤的德能和敬奉天道而不贪天之功的内在修养。

【7. 吉人为善,惟日不足】

吉人①为善,惟②日不足;凶人③为不善,亦惟日不足。(《尚书·泰誓中》)

注释

①吉人:善良的人。②惟:语气助词。③凶人:凶恶的人。

好人做好事,整天都在做还是觉得时间不够;坏人做坏事,也是整天都在做还是觉得时间不够。

人的为善和作恶都有其惯性。儒家坚信人性本善,作恶多端绝对不是人之本愿。作恶的闸门一旦打开,便会一发不可收拾。

【8.为山九仞,功亏一篑】

　　不矜①细行②,终累③大德;为山九仞④,功亏一篑⑤。(《尚书·旅獒》)

　　①矜:慎重。②细行:细微小节。③累:连累、损害。④九仞(rèn):八尺为一仞。⑤篑(kuì):盛土的竹筐。

　　细微小节上的疏忽会铸成大错。在通向成功的途中,容不得丝毫的意志懒散和懈怠;否则,一着不慎,全盘皆输。

【9. 知稼穑之艰难,知小人之所依】

周公①曰:"君子所,其②无逸③。先知稼穑④之艰难,则知小人之依⑤。相⑥小人⑦,厥⑧父母勤劳稼穑,厥子乃⑨不知稼穑之艰难,乃逸乃谚⑩。既诞⑪,否则侮厥父母曰:'昔之人无闻知。'"(《尚书·无逸》)

①周公:周武王弟弟,名旦。②其:副词,表祈使。③逸:逸乐。④稼穑(jià sè):指耕种和收获。⑤依:苦衷。⑥相:看。⑦小人:老百姓。⑧厥:其。⑨乃:就。⑩谚:通"嗳",粗鲁。⑪诞:延、长久。

译文

周公说:"君子在位,不可安逸享乐。先了解耕种收获的艰难,那么处在逸乐的境地,就会知道老百姓的痛苦。看那些老百姓,他们的父母勤劳地耕种收获,他们的儿子却不知道耕种收获的艰难,于是开始安逸不恭。时间久了,就轻慢他们的父母说:'上了年纪的人什么都不懂。'"

感 悟

安逸享乐是意志和德性的腐蚀剂。父母的辛苦劳作连坐享其成的子女都不能体恤,谁又能指望身居高位的君王们来察知民众的艰难和苦衷呢?

~~《诗经》~~

【1. 无已大康,职思其居】

蟋蟀①在堂②,岁聿③其莫④。今我不乐,日月⑤其除⑥。无已⑦大康⑧,职⑨思其居⑩。好乐⑪无荒⑫,良士⑬瞿瞿⑭。(《诗经·蟋蟀》)

注释

①蟋蟀:初冬入室,古人称之为候虫。②在堂:指蟋蟀进入室内,表示时近岁暮。③聿:语中助词。④莫:即暮。⑤日月:犹岁月,时光。⑥除:去,逝。⑦无已:不要过度。⑧大康:泰康,安乐。⑨职:常。⑩居:即所处的位置。⑪好乐:贪图享乐。⑫荒:荒废,指荒废正业。⑬良士:贤士。⑭瞿瞿(jù):惊慌地看,指谨慎警惕的样子。

译文

蟋蟀已进堂屋里,一年又将到年底。今日我不及时乐,时光就将要远离。不能过分求安乐,常想自己手中事。娱乐有度不荒废,君子时刻要警惕。

感悟

追求生活质量是人们的本能与权利,但贪图过度的生活享受则可能适得其反。有品质的生活是一种平和安逸的心态,而不在于你拥有多少权力、财富和鲜花。

【2. 无思百忧，只自重兮】

无①将②大车③，祇④自尘⑤兮。无思百忧，祇自痕⑥兮。

无将大车，维尘冥冥⑦。无思百忧，不出于颎⑧。

无将大车，维尘雍⑨兮。无思百忧，祇自重⑩兮。
（《诗经·无将大车》）

注释

①无：勿。②将：扶，赶，指用手推车。③大车：牛拉的载重车。④祇(zhī)：只。⑤自尘：招惹灰尘。⑥痕(qí)：生病。⑦冥冥：尘土飞扬的样子。⑧颎(jiǒng)：火光，光明。⑨雍(yōng)：通"壅"，遮蔽。⑩重：负重，受累。

译文

莫要去把大车推，只会招来身满尘。不要想那忧心事，只能使得病伤身。莫要去把大车推，尘土飞扬乱纷纷。不要想那忧心事，光明难求更伤神。莫要去把大车推,灰尘蔽日阴森森。别去想那忧心事,自取烦恼何沉沉。

生活本是一个五味瓶,它充满了名誉、利益、欺骗、虚伪乃至血腥、暴力等太多的诱惑与包袱。是沉溺其中不能自拔还是超然物外、保持内心的安宁,这都由我们自己作出决定。世上本无事,庸人自扰之。我们应该学会舍弃,何必非要生活在别人的眼光和口水之中呢?

【3. 心之忧矣,宁自今矣】

觱沸①槛泉②,维其深矣。心之忧矣,宁③自④今矣?不自我先,不自我后。藐藐⑤昊天,无不克⑥巩⑦。无忝⑧皇⑨祖,式⑩救尔后。(《诗经·瞻卬》)

①觱(bì)沸:泉水涌出的样子。②槛泉:泉水泛滥四流,槛,通

252

"滥"。③宁：岂，难道。④自：来自。⑤藐藐：高远的样子。⑥克：能。⑦巩：用皮条捆东西，引申为约束、控制。⑧忝（tiǎn）：辱没，有愧于。⑨皇：伟大。⑩式：语首助词。

泉水奔涌流四方，水深悠悠不可量。国家命运我担忧，不自今日何漫长？灾不在我之前生，难不在我身后长。苍天茫茫又高远，辅助我国固如钢。不要辱没我祖先，救得子孙万年昌。

正直的士大夫敢于痛恨和揭露国君的贪婪与暴虐实乃可贵，然而对此他又悲观失望、束手无策，只能呼天喊地、哀求幽王，实乃人生之大不幸。是啊，覆巢之下无完卵。民族振兴，从我做起；国家兴亡，你我有责。

【4. 日就月将，学有缉熙于光明】

维予小子，不聪①敬止②。日就③月将④，学有缉熙⑤于光明。佛⑥时⑦仔肩⑧，示我显德行。(《诗经·敬之》)

注释

①聪：明智。②止：语气词。③就：成就。④将：行。⑤缉熙：积渐而至于光明。⑥佛：通"弼"(bì)，辅佐。⑦时：通"是"，此。⑧仔、肩：两字同义，均指担负的责任。

译文

我这年轻小子啊，不聪明来不谨慎。日日有所成就月月有所奉行，学习才能积累渐进至大清明。辅助我担当起这个重任，引导我显示这伟大德行。

感悟

　　周成王不忘文武、周公之德，对待天命、德行恭敬慎行，对待学习谦逊而勤奋，从而造就历史上有名的"成康之治"。从平民到帝王，要想成就一番事业，就只有不断地学习、学习、再学习。在信息社会的今天，放弃学习就等于放弃了竞争的机会与权利。

【5. 予其惩，而毖后患】

　　予①其惩②，而毖③后患④。莫予荓⑤蜂，自求辛螫⑥。肇⑦允⑧彼桃虫⑨，拚⑩飞维鸟。未堪家多难，予又集于蓼⑪。（《诗经·小毖》）

注释

　　①予：成王自称。②惩：警戒。③毖：谨慎。④患：祸。⑤荓（píng）：使。⑥辛螫：痛苦。螫（shì）：毒害。⑦肇：开始。⑧允：相信。⑨桃虫：鸟名，即鹪鹩，一种极小的鸟。⑩拚：通"翻"，鸟儿飞的样子。⑪蓼（liào）：茎叶苦辣，比喻辛苦。

往日过错须警惕,事事谨慎防后患。无人让我捅蜂窝,自取其害受其烦。不想那些小小鸟,翻飞成雕酿祸端。家中多难何以堪,置身蓼草心胆战。

感悟

人非圣贤,孰能无过。错误在所难免,如能惩前毖后,做到"不贰过",不在同一个地方跌倒,那就情有可原。

【6. 敷政优优,百禄是遒】

> 不竞①不絿②,不刚不柔,敷③政优优④,百禄是遒④。(《诗经·长发》)

注释

①竞:争。②絿(qiú):急。③敷:施。④优优:宽松平和的样

子。⑤逑(qiú):聚。

不争强来不急躁,刚柔相济正相好,宽松平和施政教,千禄百福齐来到。

殷商王朝立国五百多载,成汤开国功不可没。成汤创立基业在于他能谦恭不怠,文武兼备,选贤任能,刚柔相济。所有这些品质不仅成就了他一生的功业,也造就了他万世的英名。

《礼记》

【 1. 临财毋苟得，临难毋苟免 】

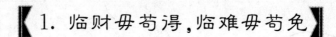

> 　　积而能散，安安①而能迁②。临财毋苟得，临难毋苟免。很③毋求胜，分毋求多。疑事毋质④，直⑤而勿有。（《礼记·曲礼上》）

注释

　　①安安：前一"安"指安心享乐；后一"安"指舒适的环境。②迁：改变。③很：争斗。④质：结论。⑤直：正确。

积聚了财富而能够散发救济别人，安享于舒适的环境而能够一心向善。遇到意外之财，不擅自据为已有；危难之际，不苟且偷生。与人争执不下，不求胜过别人，分配财物不贪求多得。对于疑惑不解的事情不要妄下结论，自己有正确的见解，也不自夸。

不以自我为中心，不把自己的名利私欲放在至高无上的位置，这是儒家君子人格的可贵之处。范仲淹的名句"不以物喜，不以己悲"就是这种坦荡胸怀的写照。

【2.志不可满，乐不可极】

敖①不可长，欲不可从②，志不可满，乐不可极。（《礼记·曲礼上》）

注释

①敖:通"傲",傲慢。②从,通"纵"。

译文

傲慢之心不可滋长,欲望不可放纵,心志不可自满,享乐不可到极点。

感悟

凡事保持适度不走极端同样适用于个人的修养。克制自己的欲望和感情,对于修养身心、成就功业都显得至关重要。否则可能乐极生悲,好事也会变成坏事。

【 3.化民成俗,其必由学 】

> 发虑宪①,求善良,足以謏闻②,不足以动众。就贤体远,足以动众,未足以民。君子如欲化民成俗,其必由学乎!(《礼记·学记》)

注释

①虑宪：思虑。②謏（xiǎo）：小，謏闻（wèn）：有小的名声。

译文

潜心思虑，广招贤良之士，这样虽然足以使自己小有名声，却不足以感动民众。亲近贤能的人，体察疏远之士的内心，足以感动民众，但是还不足以转变民风。君子如果想要改变民心而形成良好的风俗，大概必须要从教育入手吧！

感悟

教育的根本意义在于大力推行道义，教化民众从善行、知廉耻。今天，知识的灌输、技能的崇尚扮演了教育的主角，但是却遮蔽不住现代人的价值迷失和随之而来的心灵空虚。曾几何时，往日的道德行为成了现今的不道德行为甚至成了笑柄？

【4. 玉不琢，不成器】

玉不琢，不成器；人不学，不知道[①]。是故古之王者建国君民，教学为先。(《礼记·学记》)

注释

①道：天地万物的规律和法则。

译文

玉不经过雕琢，就不能成为玉器；人不学习，就不会明白道理。所以，古代的君王们建立国家，治理民众，都把教学放在首位。

感悟

知识的获得需要日积月累，德性的成就需要长期潜心的修养。"十年树木，百年树人"，道德教育对国民素质潜移默化的影响最容

262

易被执政者由于急功近利而轻忽,甚至弃而不理。

《5. 学然后知不足》

虽有嘉肴,弗食,不知其旨也;虽有至道,弗学,不知其善也。是故学然后知不足,教然后知困。知不足,然后能自反也;知困,然后能自强也。故曰:教学相长也。(《礼记·学记》)

即使有了好的菜肴,不吃,就不会知道它的美味;即使有了至善的道理,不学习,也不会明白它好在哪里。所以只有通过学习后,才能知道自己的不足;也只有通过教别人,才能发现自己的困惑。知道了自己的不足,然后才能自我反省;知道自己的困惑,然后才能自我勉励、发愤图强。所以说:教与学是相互促进的。

教学相长、学无止境,道德需要实践来予以确证,而不能够停留在表面的浮光掠影。越是学习和实践，越是能够发现不足和感到困惑，也就越能催人谦虚奋进。

《6. 使人由其诚，教人尽其材》

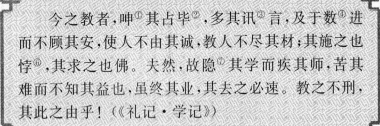

今之教者，呻①其占毕②，多其讯③言，及于数④进而不顾其安，使人不由其诚，教人不尽其材；其施之也悖⑤，其求之也佛。夫然，故隐⑦其学而疾其师，苦其难而不知其益也，虽终其业，其去之必速。教之不刑，其此之由乎！（《礼记·学记》）

注释

①呻：吟念。②占毕：简册，指课本。③讯：告诫。④数：多，快。⑤佛：通"拂"，违背。⑥隐：苦痛，这里指厌恶。

译文

现在的老师，只会照本宣科，只顾灌输，速度又太快，不管学生能否接受，不能激发学生主动诚心地思考问题，教育学生又不能因材施教;教师的方法违背情理,学生的疑惑也不得其解。这样,结果学生就会厌恶学习怨恨教师,对于学习感到艰苦又不觉得有什么好处,即使学完学业,也会很快忘记。教育之所以不成功,就是这个原因吧。

两千多年前的圣贤们已经明察到填鸭式教学的弊端。当教育变成一种僵化的形式和心理的负担,教师与学生都为了完成各自的任务而疲于应付时,教育失败的命运已经注定,酿成的恶果会让个人、家庭、国家和社会不堪承受。

【7. 和易以思,可谓善喻】

君子既知教之所由兴,又知教之所由废,然后可以为人师也。故君子之教,喻①也,道而弗牵②,强而弗抑,开而弗达③。道而弗牵则和,强而弗抑则易,开而弗达则思。和易以思,可谓善喻矣。(《礼记·学记》)

注释

①喻：让人明白。②率：强迫。③达：尽、致。

译文

君子只有已经知道教育成功的原因，又知道教育失败的原因，然后才可以作老师。所以君子教育学生，重在晓喻，只是引导而不牵制，鼓励而不抑制，启发而不灌输。引导而不牵制，就能够融洽相处，鼓励而不抑制就感到平易近人，启发而不是灌输，就会专心思考。既能够融洽相处、平易近人，又能够让人善于思考，就算是善于教育人了。

感悟

大脑不是一块白板，写上什么就是什么，所以教育应重在引导和启发，并尊重每个人不同的个性和特点。人也不同于机器，而是有其先天气质和禀赋，所以，教育不能机械化加工，千人一面、千篇一律，而应发挥人的主动性和判断力。

【8.长善救失】

学者有四失,教者必知之。人之学也,或失则多,或失则寡,或失则易,或失则止。此四者,心之莫同也。知其心,然后能救其失也。教也者,长①善而救其失者也。(《礼记·学记》)

注释

①长（zhǎng）：指发扬。

译文

学习的人会犯四种毛病,做老师的人必须要知道。人在学习的时候,有的人贪多而囫囵吞枣;有的人孤陋寡闻;有的人见异思迁;有的人浅尝辄止。这四种情况,是出于不同的想法。懂得学生的心理想法,然后才能加以补救。所谓教育,就是发扬学生的优点而补救他们的缺陷。

感悟

教育的方法应讲究因人而异、因势利导、水到渠成。"知己知彼,百战不殆",不仅是战争中的规律,也适用于教育领域。评价一个人不应仅在静止状态下看他的优点或者缺陷,更重要的是发现和注重他的可塑性。

【9.善学者,师逸而功倍】

善学者,师逸而功倍,又从而庸①之。不善学者,师勤而功半,又从而怨之。善问者,如攻坚木,先其易者,后其节目②,及其久也,相说③以解,不善问者反此。善待问者,如撞钟,叩之以小者则小鸣,叩之以大者则大鸣,待其从容,然后尽其声;不善答问者反此。(《礼记·学记》)

①庸:功劳。②节目:指树干与数枝之间的硬节。③说:通

268

"脱"。

善于学习的人,老师很轻松而能够事半功倍,学生会把功劳归于老师;不善于学习的人,老师很辛勤可是事倍功半,还怨恨老师。善于提问题的人,就像砍伐坚硬的木头一样,先从容易的地方开始,然后才解决有硬节的地方,时间一长,木头自然脱落;不善于提问题的人与此相反。善于回答问题的人,会像撞钟一样,轻轻扣击,钟声就小;用力敲打,钟声就大。等到能够从容自如地撞钟时,然后钟声才会悠扬动听。不善于回答问题的人与此相反。

老师原本不应该照本宣科地灌输,而应教会学生正确的学习方法,激发他们的兴趣,引导学生去发现问题、思考问题,并解答他们的疑惑。教师如钟,有回应,但不可完全代劳,不可用条条框框去束缚学生思想的翅膀。

【10.君子有三患五耻】

君子有三患：未之闻，患弗得闻也；既闻之，患弗得学也；既学之，患弗能行也。君子有五耻：居其位，无其言①，君子耻之；有其言，无其行，君子耻之；既得之而又失之，君子耻之；地有余而民不足②，君子耻之；众寡均③而倍焉，君子耻之。（《礼记·杂记下》）

①言：指主意、政见。②民不足：指人民逃散。③众寡均：指所役用的民众相等。

译文

君子有三种忧患：对于没有听说过的知识，惟恐自己听不到；对于已经听到的知识，担心自己学不会；对于自己已经学会的知识，担心自己做不到。君子有五种耻辱：身居其位，却拿不出主见，君子感到羞耻；有了自己的主见，自己却做不到；已经具备的品德又失掉了,君子感到羞耻;所管辖的土地多,但是人民逃散,君子感到羞耻;所使用的人数彼此相等,而别人的功绩多得多,君子感到羞耻。

忧患意识表现为不患得患失,却时时担心自己是否才疏德薄、是否对民众刻薄寡恩。羞耻之心和忧患意识同样难能可贵,它可以促成道德意识。羞耻之心不可怕,只怕不以为耻,反以为荣;不以为失,反以为得。

【11. 君子耻有其辞而无其德】

君子服其服①,则文以君子之容;有其容,则文以君子之辞;遂②其辞,则实以君子之德。是故君子耻服其服而无其容,耻有其容而无其辞,耻有其辞而无其德,耻有其德而无其行。(《礼记·表记》)

注释

①服其服:穿上他们高雅的衣服。②遂:成就。

译文

　　君子穿上他们的衣服,还要用君子的仪容来做修饰;有了君子的仪容,还要用君子合乎礼义的言辞来修饰;有了君子的言辞,还要用君子的德行来充实自己。所以君子以只有君子的服饰却没有君子的仪容为羞耻,以只有君子的仪容却没有君子的言辞为羞耻,以只有君子的言辞却没有君子的品德为羞耻,以只有君子的品德却没有君子的善行为羞耻。

感悟

　　君子表里如一,小人口是心非。外表的华美没有内在的美德作为依衬,只能是徒有其表,以假乱真;言辞没有德性作为根基,只能是自欺欺人的空话和谎言。

12. 不大其自事,不自尚其功

> 子曰:君子不自大其事,不自尚其功,以求处情;过行弗率,以求处厚;彰人之善而美人之功,以求下贤。是故君子虽自卑,而民敬尊之。(《礼记·表记》)

孔子说:君子不自我夸耀自己做的事情,不推崇自己的功劳,目的是保持质朴实在;有了超常的德行,也不要求别人照着自己做,目的是保持忠厚谦虚;表彰别人的德行而又能赞美别人的功劳,目的是尊敬贤能的人。所以君子虽然自己贬抑自己,但是民众却更加尊敬他。

谦虚谨慎、诚实宽容、克己让人的品质不仅于个人修养极为重要,于形成良好的民风、促进社会的进步和繁荣,意义尤为重大。相反,自大自夸、自我标榜、自我吹捧,不仅会弄巧成拙,还会败坏社会风气。

13. 君子之接如水，小人之接如醴

子曰：君子不以辞尽人。故天下有道，则行有枝叶；天下无道，则辞有枝叶。君子之接如水；小人之接如醴[1]。君子淡以成；小人甘以坏。（《礼记·表记》）

注释

①醴（lǐ）：甜酒。

译文

孔子说："君子不只是依据一个人的言辞判断他的好坏。天下有道之时，民风就纯正，人们做事情细致周到；天下无道之时，民风就浮躁，人们就崇尚空谈，说大话说空话。所以君子之间的交往就像水一样平淡，小人之间的交往就像美酒一样浓厚。君子之间虽然平淡却能成就各自的品德，小人之间虽然甜言蜜语，但是时间长了却败坏各自了品德。

"君子之交淡如水,小人之交甜如蜜"。人要成就德性就要抵御各种诱惑,而要败坏德性却没有任何难度。

【14. 与其有诺责,宁有已怨】

> 子曰:君子不以口誉人,则民作忠。故君子问人之寒,则衣之;问人之饥,则食之;称人之美,则爵之。子曰:口惠而实不至,怨及其身,是故君子与其有诺责也,宁有已①怨。(《礼记·表记》)

注释

①已:拒绝。

译文

孔子说:君子不用空话来赞美人,民众中就会形成忠实的风气。所以君子询问别人是否寒冷,就会送衣服给人穿;询问别人是否饥饿,就会送食物给人吃;称赞别人德行高尚,就会授人官职。孔子还说:说得好听却不能给人好处,会有怨恨和灾难降临自身,所以君子与其因为轻易承诺别人却不能兑现而遭到指责,宁愿因为无能为力而拒绝别人而招致埋怨。

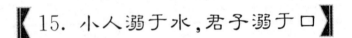

感悟

　　儒家不尚空言,决不愿言过其实。如今一些团体和个人贪图一时之便利,崇尚空话和假话,并采取相应的政治策略、经济策略、销售策略、广告的宣传策略等等不明智的做法殊不知这种风气一旦形成,最终人人都是受害者。

【15. 小人溺于水,君子溺于口】

> 　　子曰:小人溺于水,君子溺于口,大人溺于民,皆在其所亵①也。夫水近于人而溺人,德易狎而难亲也,易以溺人。口费②而烦,易出难悔,易以溺人。(《礼记·缁衣》)

注释

①亵：轻慢。②费：说空话。

译文

孔子说：小人会被水淹没，君子会因为说错话、做错事而被责骂声淹没，在上位的人会因为实施不好的政令而被民怨所淹没，这都是由于有所轻慢所致。水接近于人却能够淹死人，有德性的人容易接近却难以亲近，也会招致埋怨而毁坏名声。人们喜欢说空话而且没完没了，话一出口便难以收回，所以容易淹没人。

感悟

君子因其品德出众而引人注目和仿效，但其言行的轻慢和疏失会招致埋怨和麻烦，甚至群起而攻之。"一言既出，驷马难追"，言语的不谨慎也会让君子蒙羞。

【16. 君子好其正, 小人毒其正】

子曰：唯君子能好其正，小人毒①其正。故君子之朋友有乡②，其恶有方；是故迩③者不惑，而远者不疑也。（《礼记·缁衣》）

①毒：痛恨。②乡：指"方"，"类"。③迩（ěr）：近。

孔子说：只有君子能够爱好正直的德性，小人憎恶正直的德性。所以君子的朋友有共同的志向，也有共同的好恶。所以亲近他们的人不感到迷惑，远离他们的人也不感到怀疑。

感悟

"人以类聚,物以群分",贤德之人德行扬名四海的同时,无形之中也反衬出奸佞之人的卑琐,所以历史上儒家思想在政治领域的实践由于种种阻力始终都很难一帆风顺。

【17. 儒有不宝金玉】

儒有不宝金玉,而忠信以为宝;不祈土地,立义①以为土地;不祈多积②,多文以为富。难得而易禄③也,易禄而难畜也,非时不见④,不亦难得⑤乎?非义不合,不亦难畜乎?先劳⑥而后禄,不亦易禄乎?(《礼记·儒行》)

注释

①立义:树立道义。②积:积聚财物。③易禄:轻视俸禄。④见:通"现"。⑤难得:指不愿出仕。⑥劳:建立功劳。

279

译文

儒者不以金玉为宝,而以忠实诚信为宝;不祈求获取土地,而把树立道德作为安身立命的土地;不祈求积聚财物,而以学识渊博为财富。很难得到儒者,因为他们轻视高官厚禄,轻视高官厚禄就很难留住,不是政治清明的时代,他们隐居不出来,这不是很难得到吗?如果君王的行为不道义,他们就不苟同而离去,这不是难以留住吗?他们以建立功业为先,而后才愿接受俸禄,这不是轻视俸禄吗?

感悟

世移时易,儒家具体的治国策略或许已经不再为世所用,但是儒家这种正直无私、重义轻利的高尚品德正是扫荡腐败与堕落的一剂猛药,岂能一笔勾销?

【18.可杀而不可辱】

> 儒有可亲而不可劫①也,可近而不可迫②也,可杀而不可辱也。其居处不淫③,其饮食不溽④;其过失可微辨而不可面数⑤也。(《礼记·儒行》)

注释

①劫：威胁。②迫：逼迫。③淫：奢侈。④溽（rù）：味浓。⑤数：列举罪状加以指责。

译文

有的儒者可以与他亲密相处，但不可威胁他，可以接近他，但不可逼迫他；可以杀害他，但不可以侮辱他。他的住所不讲究奢侈，吃喝不追求美味，有了过错可以私下进行辨正，但不可以当众数落指责他。

感悟

儒家君子以道义为重，大义凛然，顶天立地，所以才为后世景仰。人如果没有一定的志向和气节，行为就没有恒定的准则，就很容易随波逐流。

【1. 非知之实难，将在行之】

子皮①尽用其币。归，谓子羽曰："非知之实难，将在行之。夫子②知之矣，我则不足。《书》曰：'欲败度，纵败礼。'我之谓矣。夫子知度③与礼矣，我实纵欲而不能自克也。"（《左传·昭公十年》）

注释

①子皮：郑国上卿。②夫子：郑国政治家子产。③度：法度。④克：克制。

译文

子皮用完了全部的财礼。回国后，他对子羽说："学习与懂得道理并不是最难的,而难在去实行。子产他老人家懂得道理,我却连道理还懂得不够。《尚书》上说,'欲望败坏法度,放纵败坏礼仪。'这说的就是我啊。子产他老人家懂得法度和礼仪了,我确实放纵欲望而不能克制自己。"

知难行易还是知易行难?其实,两者皆难;相比而言,知难行更难。认知事物是一个非常复杂的思维过程,能说不难?而从认识到付诸实践则更要付出艰辛的劳动,自然难上加难。我们既要做言语的典范,更要作行动的楷模。

【2. 夫学,殖也】

闵子马[①]曰:"周其乱乎?夫必多有是说,而后及其大人。大人患失而惑,又曰:'可以无学,无学不害。'不害而不学,则苟而可。于是乎下陵[②]上替[③],能无乱乎?夫学,殖[④]也,不学将落,原氏其亡乎?"(《左传·昭公十八年》)

①闵子马：鲁国大臣。②陵：凌驾。③替：废弛。④殖：种植。

闵子马说："周朝恐怕要发生动乱了吧！一种说法肯定在流行了很久之后，然后才影响到当权的人。大夫们担心丢掉官位就会不究事理，还说：'可以不学习，不学习也没有坏处。'认为没有坏处而不学习，就得过且过，因此就会出现下面侵凌与上面废弛的情况，这样能不发生动乱吗？学习，如同种植，不学习就要落后，原氏是想要灭亡吗？"

学习在于积累，聪明在于勤奋。学习犹如种庄稼一样，也是一个日积月累的过程。一个人放弃了学习也就放弃了进步的机会，而一个国家放弃奋斗就会失去在民族之林中生存的资格。

【 3. 困兽犹斗，况人乎 】

夫概王①曰："困兽犹斗，况人乎？若知不免而致死，必败我。若使先济②者知免，后者慕之，蔑③有斗心矣。半济而后可击也。"（《左传·定公四年》）

注释

①夫概王：吴王阖庐的弟弟。②济：渡河。③蔑：没有。

译文

夫概王说："被困住的野兽还要挣扎，何况人呢？如果他们明知不免于死而一起拼命，必然打败我们。如果让先渡河的感到可以逃脱，后边的人羡慕他们，就会丧失斗志。渡过一半才可以攻击（他们）。"

孙子兵法中说，"陷之死地然后生"，意思是说，把士兵们投入极其危险的死亡之地，他们就有可能起死回生。所以，战争中双方谁能创造条件让战士们激发出一种决死之心，从而团结一心，奋不顾身，勇往直前，谁就能夺取最后的胜利。

【4. 鸟则择木，木岂能择鸟】

> 孔文子①之将攻大叔也，访②于仲尼。仲尼曰："胡簋③之事，则尝学之矣。甲兵之事，未之闻也。"退，命驾而行，曰："鸟则择木，木岂能择鸟？"文子遽止之，曰："圉岂敢度④其私，访卫国之难也。"将止。鲁人以币召之，乃归。（《左传·哀公十一年》）

注释

①孔文子：孔圉。②访：询问。③胡簋：即簠簋(fǔ guǐ)，指祭祀或宴享时用来盛稻粱之类的方形器具和圆形器具；胡簋之事：指

祭祀、朝聘等礼仪。④度:谋划。

孔文子将要攻打大叔的时候,去征求孔子意见。孔子说:"祭祀的事情,那是我曾经学过的;而战争之事,我没有听说过。"(仲尼)退下去,叫人套上车子就走,说:"鸟能选择树木,树木哪里能选择鸟?"文子立刻阻止他,说:"圉怎么敢为自己打算,为的是防止卫国的祸患。"孔子打算留下不走了。鲁国人拿来财礼请他,于是(孔子)就回到鲁国。

孔子是要行仁义于天下,而不是受制于人,成为掠夺他人的工具。孔子所具有的一种强烈的个体自觉意识,也正是我们不可缺少的。

【5. 生在敬戒，不在富】

（郑国公孙黑肱）[①]曰："吾闻之，生于乱世，贵而能贫，民无求焉，可以后亡。敬[②]共事君与二三子。生在敬戒，不在富也。"（《左传·襄公二十二年》）

---

①肱（gōng）：胳膊由肩到肘的部分，此作人名。②敬：通"儆"（jǐng），警戒。

译文

（郑国的公孙黑肱）说："我听说，生于乱世，地位尊贵却能够甘守清贫，不要向百姓求取什么，这就能够在别人之后灭亡。（我愿意）恭敬地侍奉国君和几位大夫。生存（的秘诀）在于时常保持警戒之心，而不在于有多么富有。"

人生在世,不能没有忧患意识。这种意识不因地位尊贵而丢失,也不因贫困潦倒而抛弃,这样你就拥有了克服困难、走向胜利的勇气和智慧。

《6. 人所以立,信、知、勇》

> 郤至^①曰:"人所以立,信、知、勇也。信不叛君,知不害民,勇不作乱。失兹三者,其谁与我?"(《左传·成公十七年》)

 注释

①郤(xì)至:为晋国大夫。

 译文

郤至说:"人能在社会立足,是因为他有信用、明智与勇敢。信

用就不会背叛国君,明智就不会残害百姓,勇敢就不会发动祸乱。丢掉这三样,还有谁亲近我?"

古往今来,仁、信、智、勇已经被看做是真正君子的内在品德。仁爱豁达、一诺千金、大智大勇的君子作风不是我们当今社会很多人所缺少的吗?

【7. 知其不可知,知也】

有食①之者,内于日也。其不言食之者何也?知②其不可知,知也。(《左传·隐公三年》)

①食:即日食。②知:通"智",明智的意思。

290

译文

说"有食之"，意思是说有某物将太阳吞入在内了。经文中为什么没有说吞食太阳的究竟是什么呢？因为知道那是无法弄清楚的，(所以就不说了)，这是一种明智的做法。

感悟

知之为知之，不知为不知，是一种态度；而知其不可知，承认自己无知，则是一种智慧。

四、文化艺术

　　所谓文化艺术，这里是指哲学、美学、文学、宗教等。通览《五经》，我们可以发现它的很多思想至今仍然熠熠生辉。

　　《周易》为"五经"之首，也是我国第一部哲学原典。"一阴一阳之谓道"是一个经典的哲学命题，是我们祖先认识世界的重要方法论之一。"天地之大德曰生"告诉人们，天地的最高德行就是不断地化生万物。《尚书》提出的"五行"学说，是中国形态的自然哲学，是我们先辈探索自然奥秘的重要成果。《诗经》揭示了"高岸为谷、深谷为陵"背后的哲学意蕴，这种颇具战斗力的辩证法思想让专制势力胆战心惊，让被压迫者看到胜利的希望。《礼记》提出关于"天理人欲"的著名哲学命题，要求人们保持天性，节制欲望，而不能因为贪图外物导致天性灭绝、欲望泛滥，这对现代社会种种物欲横流、泯灭自我的畸形现象具有警示作用。郑国政治家子产"天道远、人道迩"（《左传》）的著名论述对天人关系做出了崭新诠释，对于破除迷信、鼓动民心、聚合民力具有重要启示作用。

　　《五经》美学思想在儒家学说中占有非常重要的地位。它有关仁、礼、诗、乐等诸多论述成为儒家传统美学思想的重要内容。"生生之谓易"（《周易》）强调自然万物生生不息，人类社会奔涌向前，这不仅是其哲学思想的体现，还是其美学思想的精髓。与此同时，《周易》还希望人们能够"乐天知命"，自始至终保持一种"天人合一"的和乐境界。"诗言志，歌咏言"（《尚书》）明确提出，诗歌应当致力于人伦道德的和谐与思想感情的培育，发挥敦化民风、勉人向善的作用,体现了儒家传统美学思想中关注现实、注重抒情的特征。"诗言志"从此成为儒家诗歌创作与评论的重要原则。《礼记》崇尚敦厚、和谐之美。所谓"乐者敦和,礼者别宜"、"礼乐交错于中,发形于外",就是说音乐能够修养内心、增进和同,礼仪在于修养外表、规范言行;还要求"君子比德于玉",养成一种恭敬温和、文质彬彬的气质。

《尚书》希望实现一个"八音克谐、无相夺伦、神人以和"的境界,这得到了吴国公子季札的认同。季札是中国最早的音乐评论人,他称赞《颂》就是实现"五声和、八风平、节有度、守有序"的盛德之音乐(《左传》),体现了儒家对"中和之美"的追求。总之,中国美学认为,人和自然界是和谐的,而这种和谐又是快乐的。

《五经》的文学成就,最辉煌的当数《诗经》与《左传》。《诗经》是我国第一部诗歌总集,是我国文学的光辉起点,深刻影响了两千多年来的文学发展。《诗经》的成就和影响是巨大的,尤其它的现实主义精神对后世文学影响最大,激励着诗人、作家去关心国家的命运与人民的疾苦。《左传》比较忠实而详细地记述了春秋的历史,不仅是一部相当成熟的编年史,而且还是一部具有极高价值的文学名著。

【1. 一阴一阳之谓道】

一阴一阳之谓道,继①之善②也,成③之者性④也。仁者见之谓之仁,知者见之谓之知⑤,百姓日用而不知,故君子之道鲜⑥矣。(《周易·系辞》)

注释

①继:传承。②善:善功,多指乾卦开创万物之功。③成:蔚成,指坤顺承乾、孕育万物的成果。④性:天命。⑤知:同智。⑥鲜:少。

译文

一阴一阳的交感变化就是道,传承此道就能使开创万物的善功大显，成就此道就能尽性尽命地促成万物成功化育。仁者发现道中有仁就称其为仁，智者发现道中有智就称其为智，老百姓每天都在运用道却茫然无觉，所以君子之道的真谛就很少有人知道了！

感悟

阴阳理论是华夏祖先通过观察自然现象所取得的重大认识成果，也是中华传统文明中各科知识所同祖共宗的基础理论。《周易》一书正是以阴阳理论为核心，建立起庞大的象数和义理体系，构成了广大悉备的易道。易道在智慧上所达到的深度和广度，不仅在古代"百姓日用而不知"，即使在科技十分发达的今天，仍然留下了诸多不解之谜。

文化艺术

【 2. 乐天知命 】

与天地相似，故不违①；知周②乎万物而道济天下，故不过③；旁行④而不流⑤，乐天知命故不忧。（《周易·系辞》）

①不违：不违背自然规律。②周：周全、遍及。③过：偏差。④
旁行：广及边际。⑤流：流移、淫过。

周易之道与天地之理相近似，所以不与自然规律相违背；知识
周遍万物、道德可匡济天下，所以不会有任何偏差；能够广泛推行
遍及边际而又不流于泛滥，乐顺天意、自知性命，所以没有忧愁。

乐观地理解自然规律和生存环境，对自己的固有材质和平生
功业都有清醒的定位与布局，所以处变不惊，坦荡无忧。

3. 天地之大德曰生

天地之大德曰生①,圣人之大宝②曰位③,何以守位曰仁,何以聚④人曰财,理财正辞⑤、禁民为非⑥曰义。(《周易·系辞》)

注释

①生:化生万物之功。②大宝:重大珍宝。③位:权位。④聚:招纳、团聚。⑤理财正辞:治理财物用之有方、端正言辞发之以理。⑥非:行恶事。

译文

天地的最高德行就是不断地化生万物,圣人的最大珍宝就是拥有权位。如何才能守住权位?这就要具备仁爱的精神。如何能广聚人才?这就要发挥财富的吸引力。善于理财、词正理严,禁止百姓为非作歹,就是推行道义。

权力是一种威力无穷的人间重器,它决不是任何人都能平等购买和享用的玩具;只有圣人掌握了它,才能真正做到以道济天下,造福苍生。

【4.飞龙在天】

九五①,飞龙②在天,利见大人。(《易经·乾》)

注释

　　①九五:是八卦中卦爻位置的标志,其阳爻称九,阴爻称六,九即阳爻的意思,五,即第五爻,五爻为上卦中位,也为天位和君位。
②龙:乾为龙。

　　飞腾的苍龙已经登临至尊中正的天位(开始普照天下、惠泽万民),这时利于得到德高才雄的大人辅佐,(才能正成天下大治)。

四海平定,新朝初创,选贤拔能一定要以德为先,决不可让阴邪之徒窃持重权,扰乱纲纪;这是一条用血与火凝成的历史的铁律。

【5. 王用三驱】

显①比②,王用三驱③,失前禽,邑人不戒④,吉。(《易经·比》)

①显:明示,彰显。②比:卦名,象征众阴比附一阳。③王用三驱,失前禽:《礼记·王制》中有"天子不合围"的说法,即天子狩猎所遵循的规矩,往往只从三面驱赶禽兽,故称为"三驱",特意放开一面让禽兽逃走,只捕杀迎面而来,舍弃从前方逃走的,所以称为"失前禽"。④邑人不诫:邑即市镇,全句意为王者即使在狩猎时也显出宽仁之心,市镇中的民众就不会感到戒惧。

译文

向天下彰显亲和比附之道；如同王者狩猎只从三面合围，特地留出缺口给禽兽以生路；（这种宽宏大度仁爱的态度）使市镇百姓不会有戒惧之感（当然放心归附），所以吉祥。

感悟

以狩猎来彰显仁心，志在亲民；可见古代君王治理天下，十分注重施行不言之教。

【6. 童牛之牿】

童牛①之牿②，元吉。（《易经·大畜》）

注释

①童牛：还没有长角的小牛。②牿（gù）：装在牛角上的横木，以防其角伤人。

在小牛还未长角之前,就在它的两角位置装上横木(以防其角伤人),这是非常吉祥的。

给童牛未生之角早早装上横木,不仅能防恶于未然,而且在于培养童牛形成纯良的贤德。中华民族不愧为文明礼治之邦,对于除恶养贤之道是如此深谋远虑,无微不至!

【7. 豚鱼吉】

中孚①,豚鱼②吉;利涉大川③,利贞。(《易经·中孚》)

①中孚:卦名,该卦以阳爻中实为信、以阴爻中虚为诚,卦义象征诚信。②豚鱼:远古先民以豚与鱼为祭品,以期通神获福。③大

301

川：大河巨流。

中孚卦象征诚信，用豚鱼做为祭品（虽然简单，但只要心存诚信）也能通神获福；利于涉险建功，利于守持正固。

中虚无私为诚，中实可靠为信。诚信的朋友，是让人放心交往并可以有所重托的朋友；诚信的社会，是人类充满文明和友爱的美好家园。

【8. 敬义立而德不孤】

君子敬①以直②内，义③以方④外；敬义立而德不孤⑤。（《周易文言》）

①敬:敬慎。②直:忠直,忠信。③义:道义。④方:方正,比喻稳定不变的准则。⑤孤:孤立。

君子以敬慎的态度使内心永怀忠信,把道义作为坚定的准则向外推行。敬慎和道义一旦并立共挽,道德就不会孤立了!

内怀敬慎,外施道义;这就从思想和行动上成就了道德。只要敬慎精神时刻撑持在心,向外推行的道义必定不断走向正大与壮观。

【9. 积善之家必有余庆】

积善之家,必有余①庆;积不善之家,必有余殃。臣杀君,子杀父,非一朝一夕之故,其所由来渐②矣!由辩③之不早辩也。(《周易·文言》)

注释

①余：多余。②渐：逐渐积累。③辩：识别。

译文

积善的人家必有多余的吉庆泽被后世，积恶的人家必有多余的灾祸贻害子孙。臣杀君、子杀父，不是一朝一夕偶然发生的，这种苗头已经产生并积累很久了！这是由于能及早识别和发现苗头却不予以及早识别和严加防范的缘故。

感悟

善行靠积，除恶宜早。人生珍爱幸福和康泰，一定要见微知著，率先从苗头处把控好善恶大关。

【10. 涣奔其机】

涣①奔其机②，悔③亡④。（《易经·涣》）

注释

①涣：卦名，由巽上坎下组成，象征涣散。②机：通几，意为几案，比喻暂时的安身之处；③悔：悔恨。④亡：消亡。

译文

当涣散发生的时候，要迅速找到一张低矮的几案，使自己安定下来，悔恨就会消亡。

感悟

涣散意味着一种团体或事业的分裂或解体。我们不能目睹着涣散正在发生而束手无策，首先是要迅速重寻安身之地。在涣散初发时所产生的普遍恐慌中，安身之地能够暂时空出但又稍纵即逝，最重要的是要对它及时发现并抢占先机。

文化艺术

【1. 诗言志，歌咏言】

帝①曰："夔②！命汝典③乐④，教胄子⑤，直而温，宽而栗⑥，刚而无虐，简而无傲。诗言志，歌永⑦言，声依永，律和声。八音克谐，无相夺⑧伦⑨，神人以和。"夔曰："於⑩！予击石拊⑪石，百兽率⑫舞。"（《尚书·舜典》）

注释

①帝：指虞舜，名重华，五帝之一。②夔（kuí）：尧舜时的乐官。③典：主管。④乐：乐官。⑤胄子：未成年的人。⑥栗：坚。⑦永：通"咏"。⑧夺：侵夺，干扰。⑨伦：理。⑩於（wū）：叹词。⑪拊（fǔ）：轻轻叩击。⑫率：跟随。

舜帝说："夔！任命你主持音乐，教导年轻人，使他们为人正直而温和，宽厚而明辨，刚毅而不粗暴，态度简约而不傲慢。诗是表达思想感情的，歌是用语言把这种思想感情咏唱出来，唱出来的歌声要合乎思想感情，歌声要合乎音律。八类乐器的声音能够和谐地演奏，不要弄乱相互之间的次序，让神和人听了都感到快乐和谐。"夔说："好啊！我愿意敲着石磬，奏起乐来，让美妙的音乐把无知的群兽都吸引来伴随着音乐跳起舞。"

音律秩序的和谐可以达到出神入化的效果。音乐是表达情感、培育德性的有效途径，也有敦化民风、勉人向善的政治功用。

《2. 天叙有典，天秩有礼》

天叙①有典②，敕③我五典④五惇⑤哉！天秩⑥有礼，自我五礼⑦有庸⑧哉！天命有德，五服⑨五章⑩哉！天讨有罪，五刑⑪五用⑫哉！（《尚书·皋陶谟》）

①叙:秩序,指规定。②典:常法。③敕(chì):告诫。④五典:五种常法,指父义、母慈、兄友、弟恭和子孝。⑤惇:敦厚。⑥秩:秩序,引申为规定。⑦五礼:指君臣、父子、兄弟、夫妇、朋友。⑧庸:用。⑨五服:指天子、诸侯、卿、大夫、士五种礼服。⑩章:彰,显扬。⑪五刑:指墨、劓(yì)、剕(fèi)、宫、大辟五种刑罚。⑫用:施行。

上天规定了人与人之间的伦常,告诫人们遵行父义、母慈、兄友、弟恭、子孝这五常来敦厚这五种关系!上天规定了天下人的尊卑等级,推行君臣、父子、兄弟、夫妇、朋友这五种礼制来实践它!上天要任命有德行的人,就用天子、诸侯、卿、大夫、士五种不同花色的礼服来表彰这五种德行不同的人!上天惩罚有罪的人,就用墨、劓、剕、宫、大辟五种刑罚处治这五种人!

先祖们把人类社会的纲常日用、伦理道德、知识技能都归结为上天的意志。不能简单地视此为迷信和无知之举。一种文化往往因为被赋予了神圣的价值而令人敬畏,以至成为人的信仰和追求目标,并引导人们诚恳笃实地履行社会义务、遵循社会道德。

【3. 天聪明,自我民聪明】

天聪①明②,自我民聪明。天明畏③,自我民明④威⑤。达⑥于上下⑦,敬哉有土⑧!(《尚书·皋陶谟》)

注释

①聪:听,指听取意见。②明:明察。③明畏:即明威,"畏"通"威"。④明:表彰好人。⑤威:惩治坏人。⑥达:通。⑦上下:上天和下民。⑧有土:指治理土地的君王。

文化艺术

译文

上天听取意见、观察问题,都是依从民众的意愿。上天奖赏行善的人、惩罚作恶的人也是依从民众的意愿。天意和民意是相互贯通的,要谨慎啊,治理国土的君王们!

天意不是玄远莫测的不实之物。天下百姓是国家的根本，君王让他们安居乐业，才是顺应了天意，才不辜负自己作为"天子"而替天下黎民百姓造福的使命。

【4.民之所欲，天必从之】

天矜①于民，民之所欲，天必从之。(《尚书·泰誓上》)

①矜：怜悯。

上天怜悯民众，民众的愿望，上天一定会依从的。

感悟

　　君王和民众各自有上天赋予的使命：君王负有治理民众的使命，但是却没有为所欲为的特权；民众虽然最为上天眷顾，却也要遵循天理、走正道。

5. 天视自我民视，天听自我民听

　　天视自①我民视，天听自我民听。百姓有过，在予一人。（《尚书·泰誓中》）

注释

　　①自：从。过：过错。

译文

　　上天所见，都是来自民众的所见，上天的所闻，都是来自民众的所闻。老百姓有什么过错，都是我君王没有引导好的责任。

感 悟

民众是国家的根本。君王是上天意志的执行者,治理好民众才算完成了自己的使命。违背民众意愿,把天下视为一己一家之私而极尽盘剥榨取之能事,最终难逃覆灭的下场。

~~~《诗经》~~~

【1. 窈窕淑女,君子好逑】

关关①雎鸠②,在河之洲③。窈窕④淑女⑤,君子⑥好逑⑦。

参差⑧荇菜⑨,左右流⑩之。窈窕淑女,寤⑪寐⑫求之。

求之不得,寤寐思服⑬。悠⑭哉悠哉,辗转⑮反侧⑯。

参差荇菜,左右采之。窈窕淑女,琴瑟友之。

参差荇菜,左右芼之。窈窕淑女,钟鼓乐之。

(《诗经·关雎》)

注释

①关关：水鸟雌雄和鸣的声音。②雎鸠：水鸟名，俗称鱼鹰。③洲：水中沙滩。④窈窕（yǎo tiǎo）：文静美好的样子。⑤淑女：美好善良的女子。⑥君子：古代对贵族男子或德行高尚人的称谓，此为对青年男子的美称。⑦逑（qiú）：配偶。⑧参差（cēn cī）：长短不齐的样子。⑨荇（xìng）菜：一种水中植物，花为黄色，嫩时可吃。⑩流：通"摎"（jiū），择取。⑪寤（wù）：醒。⑫寐：睡。⑬思服：思念不已。⑭悠：思虑深长。⑮辗转：来回翻身。⑯反侧：翻身侧身。

译文

雎鸠关关叫得欢，成双嬉戏在沙滩。善良美丽好姑娘，君子心中好侣伴。长短不齐的荇菜，左边采来右边摘。善良美丽好姑娘，梦里醒来求相见。欲求不得好无奈，梦里醒来甚相念。思之悠悠念悠悠，翻来覆去夜难眠。长短不齐的荇菜，左边摘来右边采。善良美丽好姑娘，弹琴拨瑟叙友爱。长短不齐的荇菜，左边采来右边摘。善良美丽好姑娘，钟鼓喧天乐开怀。

感悟

阅读这对青年男女如醉如痴的爱情故事，犹如置身美丽的伊甸园。古人对爱情追求的真挚、坦率和热烈令现代的我们羡慕。

【2. 桃之夭夭，灼灼其华】

　　桃之夭夭①，灼灼②其华③。之子④于归⑤，宜⑥其室家⑦。

　　桃之夭夭，有蕡⑧其实⑨。之子于归，宜其家室。

　　桃之夭夭，其叶蓁蓁⑩。之子于归，宜其家人。

（《诗经·桃夭》）

注释

　　①夭夭（yāo）：桃树繁盛的样子，此处用桃树比喻少女。②灼灼（zhuó）：光彩鲜明的样子。③华：同"花"，此处以桃花比喻出嫁女子的容貌。④之子：这个人，子，古代男女通称。⑤于归：古代女子出嫁称作"于归"或"归"。⑥宜：适合，此处有善良和顺之意。⑦室家：夫妇。⑧蕡（fén）：果实又圆又大的样子。⑨实：指桃子，此喻结婚生育子女。⑩蓁蓁（zhēn）：茂盛的样子，此比喻出嫁女身体很健康。

桃枝繁茂又妖娆，花开艳丽又光鲜。今日姑娘出嫁去，夫妻美满天作缘。桃枝繁茂又妖娆，桃儿硕大又好看。今日姑娘出嫁去，美好姻缘俩相愿。桃枝繁茂又妖娆，桃叶密密枝头满。今日姑娘出嫁去，相亲相爱一家欢。

桃花红，红不过新娘的脸儿；桃花美，美不过新娘的心儿。嫣然的桃花与娇美的新娘构成多么和谐、美丽的图景。这是一首多么浪漫的新婚圆舞曲，这是一幅多么迷人的风景画。

【3. 执子之手，与子偕老】

死生契阔①，与子②成说③。执子之手，与子偕④老。

于嗟⑤阔⑥兮，不我活⑦兮。于嗟洵⑧兮，不我信⑨兮。（《诗经·击鼓》）

315

①契阔：即合离与聚散。②子：你。③成说：约定与盟誓，即下文"与子偕老"。④偕：同。⑤于嗟：同"吁嗟"，哀叹之声。⑥阔：离散。⑦不我活：即不活我，不让我活之意。⑧洵（xún）：孤独。⑨不我信：不让我诚信守约。

聚散生死人间事，与君盟誓不分手。牵着夫君你的手，和你一起到白头。可叹相隔千万里，寂寞苦闷愁煞人。可悲孤独我一人，让我难把盟约守。

感悟

相爱的人们风雨同舟，生死与共，白头偕老，令人羡慕不已。然而，当无休止的战争将所有这些都变成镜中花、水中月的时候又是多么令人心寒。战争，不管给它戴上多么美丽的花环，也掩饰不了它血腥的一面。人类应该学会拒绝战争、远离战争。

【4. 天实为之，谓之何哉】

出自北门，忧心殷殷①。终②窭③且贫，莫知我艰。已④焉哉！天实为之，谓之何⑤哉！（《诗经·北门》）

①殷殷：忧伤的样子。②终：既。③窭（jù）：房屋窄小而简陋。④已：止，意即不再提起。焉、哉：均为语气词。⑤谓之何：还说什么呢。

我从北门走出去，忧郁我心愁满怀。家境寒酸贫如洗，无人知晓我之艰。算了吧，就算了吧！老天如此来安排，再说什么也无奈！

社会等级分明,人心冷漠无情。官场的尔虞我诈和家庭的讥讽埋怨总让诗人苦闷彷徨,痛苦至极。无奈之中只好抱怨上天的安排。试想,社会统治阶层尚且如此不堪重负,那些处于社会最底层的劳动者又该如何承受?

《5. 如切如磋,如琢如磨》

瞻彼淇①奥②,绿竹③猗猗④。有匪⑤君子,如切⑥如磋⑦,如琢⑧如磨⑨……有匪君子,终不可谖⑩兮。(《诗经·淇奥》)

注释

①淇:卫国水名,在今河南北部。②奥:通"隩"(yù),水边弯曲处。③绿竹:喻人品德美好。④猗猗(yǐ):美盛的样子。⑤匪:通"斐",有文采的样子。⑥切:加工骨器为切。⑦磋:加工象牙称磋。⑧琢:加工玉器称琢。⑨磨:加工石器称磨。在此用以比喻研究学

问或陶冶情操持之以恒,精益求精。⑩谖(xuān):忘。

看那弯弯淇水边,绿竹葱茏映水间。风度翩翩雅君子,切磋学问好文采,砥砺品质操行坚……风度翩翩雅君子,叫我怎能来忘怀。

文章千古就,百年铸风骨。芸芸众生千姿百态,有人要流芳千古,有人想著作等身。如果名副其实,众望所归,自然是人人称美的快慰之事;可如果虚张声势、沽名钓誉,则不免贻笑大方,徒增笑料。

【6. 知我者,谓我心忧】

彼黍①离离②,彼稷③之苗。行迈④靡靡⑤,中心摇摇⑥。知我者,谓我心忧;不知我者,谓我何求⑦。悠悠苍天⑧,此何人哉?(《诗经·黍离》)

319

注释

①黍:黍子,粮食作物。②离离:繁盛的样子。③稷:谷子。④行迈:行走。⑤靡靡:迟缓的样子。⑥摇摇:心神不安的样子。⑦何求:寻找什么。⑧悠悠:远阔的样子;苍天:青天。

译文

黍子苗儿盛又旺,稷苗青青随风荡。我走路来慢腾腾,心中不安直摇晃。知道我的人啦,说我心中多烦恼;不知道我的人啦,说我在把什么找。悠悠苍天你在上,这是何人作孽障?

感悟

这是一支落魄之人诉说自己命运的悲曲,这是一首失意诗人控诉社会不公的挽歌。千百年后,它仍然具有一种超越时空的穿透力,荡涤着人们的灵魂,呼唤着人们的良知,表现了强烈的忧患意识。

【7. 彼美孟姜，德音不忘】

有女同行，颜①如舜②英③。将④翱将翔⑤，佩玉将将⑥。彼美孟姜⑦，德音⑧不忘⑨。（《诗经·有女同车》）

注释

①颜：面容。②舜：木槿，开淡红或淡紫色的花。③英：花。④将：且，又。⑤翱翔：形容女子步履轻盈的样子。⑥将将：通"锵锵"（qiāng），走路时佩玉相互碰击的声音。⑦孟姜：姜氏长女，古代长女称作孟。⑧德音：美好的声誉。⑨不忘：不已。

译文

和我同行的姑娘，面如木槿花一样。步态轻盈似飞翔，佩玉铿锵响声朗。姜家长女真是美，美好品德不曾忘。

感悟

　　美不美不在于华丽的外表而在于是否拥有美丽的心灵。这位新郎眼中的美丽新娘不仅在于如花似玉般的容貌和轻盈飘逸的身姿，更在于她那美好的品德。古人这种纯真无邪的审美观是否在当代某些人心目中已淡忘了呢？

【8. 彼君子兮，不素餐兮】

　　　　坎坎①伐檀②兮，置③之河之干④兮。河水清且涟⑤漪⑥。不稼不穑，胡取禾三百廛⑦兮？不狩不猎⑧，胡瞻尔庭有县⑨貆⑩兮？彼君子兮，不素餐⑪兮！
（《诗经·伐檀》）

注释

　　①坎坎：用斧子伐木的声音。②檀：乔木，可以造车。③置：放。④干：河岸。⑤涟：水面波纹。⑥漪(yī)：表赞叹的语气词。

⑦廛（chán）：一个成年男子居住和耕种的土地。⑧狩猎：狩，大型的集体围猎；猎，单人打猎。⑨县：通"悬"。⑩貆（huán）：兽名，形似小猪而肥壮。⑪素餐：白白吃饭。

砍伐檀树声坎坎，把它放在河之岸。河水清清起波澜。不耕种来不收割，为何夺走我粮食三百担？从不见你去打猎，为何有獾子在你院中悬？你们这些老爷们，别再不劳而获吃白饭！

这是何种世道？锦衣玉食者不劳而获、巧取豪夺、恬不知耻；终日劳作者劳而不获、食不果腹、衣不蔽体。不在沉默中爆发，就在沉默中死亡。劳动者们已不再沉默，他们发出愤怒的吼声。这吼声让食人者胆战心惊，让劳动者看到希望。

《9. 逝将去汝,适彼乐土》

硕鼠①硕鼠,无②食我黍③！三岁④贯⑤女,莫我肯顾⑥。逝⑦将去女⑧,适⑨彼乐土⑩。乐土乐土,爰得我所。(《诗经·硕鼠》)

注释

①硕鼠:大田鼠。②无:通"毋"。③黍(shǔ):黍子,谷子的一种。④三岁:泛指多年。⑤贯:通"豢"(huàn),养。⑥莫我肯顾:即莫肯顾我。⑦逝:通"誓"。⑧女:通"汝",指硕鼠,即统治者。⑨适:往,去。⑩乐土:指没有剥削的安乐之地。

译文

大田鼠啊大田鼠,不要再吃我的谷！多年以来侍奉你,你却从未照顾我。今日发誓离开你,去到那快乐的处所。乐土啊乐土,那才是我的安身之处。

感 悟

　　犹如东方的伊甸园，"乐土"所蕴含的平等思想与反抗精神激发起人们对未来社会的美好想象与不懈追求，至今仍闪耀着真理的光辉。

【 10. 所谓伊人，在水一方 】

　　　蒹葭①苍苍②，白露为霜。所谓伊人③，在水一方④。溯洄⑤从⑥之⑦，道阻⑧且长。溯游⑨从之，宛⑩在水中央。（《诗经·蒹葭》）

注释

　　①蒹葭(jiān jiā)：指荻草和芦苇。②苍苍：茂盛鲜明的样子。③伊人：意中所想之人。④一方：河对岸。⑤溯洄(sù huí)：沿着河岸，逆流而上。⑥从：追寻。⑦之：指伊人。⑧阻：险阻。⑨溯游：沿着河岸，顺流而下。⑩宛：仿佛。

译文

　　远望芦荻白茫茫，近看白露凝为霜。我那心上人儿呀，就在河的那一方。逆水沿岸去追寻，路途艰险又漫长。顺水沿岸去追寻，仿佛就在水中央。

感悟

　　风景因伊人而美丽，美丽因伊人而永存。"在水一方"的伊人可望而不可即，虽然略显悲凉，不也孕育着无限的希望吗？

【11. 波苍者天，歼我良人】

　　交交①黄鸟②，止于棘③。谁从穆公④？子车奄息⑤。维此奄息，百夫之特⑥。临其穴⑦，惴惴⑧其栗⑨。彼苍者天，歼⑩我良人⑪！如可赎⑫兮，人百其身⑬。（《诗经·黄鸟》）

注释

①交交：鸟鸣叫声。②黄鸟：即黄雀，叫声凄凉。③棘：酸枣树。④穆公：春秋时秦国君主，春秋五霸之一。⑤子车奄息：人名，秦国大夫、贤臣。⑥特：匹敌。⑦穴：墓穴，指殉葬之人将被活埋的墓穴。⑧惴惴（zhuì）：惧怕的样子。⑨栗：因恐惧而发抖。⑩歼：杀害。⑪良人：好人，贤人。⑫赎：替换，赎身。⑬人百其身：用一百人来赎他身。

黄鸟交交鸣声凄，飞落在那枣树枝。谁为穆公去殉葬？他就是子车奄息。子车奄息这个人，百人不能与之敌。走到穆公墓穴边，惊惧发抖难站立。苍苍茫茫的上天，杀我好人太卑鄙！如能赎回他的命，百人抵命不足惜。

人的生命只有一次，因此每个人的生命权应是平等的。当殉葬制度允许所谓高贵者随意剥夺低贱者生命的时候，其残忍让人们不寒而栗，其反动让人们咬牙切齿。它激起了人们无比的愤怒与强烈的抗议。而历史一再证明，任何随意剥夺低贱者生命的罪恶者最终也将被低贱者送上断头台。

【12. 岂曰无衣？与子同袍】

岂曰无衣？与子同袍①。王于兴师，脩我戈矛，与子同仇。

岂曰无衣？与子同泽②。王于兴师，脩我矛戟，与子偕作。

岂曰无衣？与子同裳③。王于兴师，脩我甲兵，与子偕行。（《诗经·无衣》）

注释

①同袍：与下文的"同泽"、"同裳"，意思均指士兵穿着一样的军服。袍：军服，白天当衣、夜晚当被。②泽：通"襗"，指贴身的内衣。③裳：下衣。

译文

怎能说我无军衣？与你同披一战袍。国王出兵去打仗，我的戈矛磨得亮，同仇敌忾士气旺。怎能说我无军衣？与你同穿一内衣。国王兴兵去打仗，磨亮我的戟与矛，步调一致练兵忙。怎能说我无军衣？与你同穿一衣裳。国王兴兵去打仗,备好铠甲与刀枪,与你一起上战场。

感悟

"袍泽之谊"曾让多少军旅行伍者刻骨铭心,也让多少普通人顿生敬意,因为它是患难中结下的牢固友谊,它没有金钱与利益的纠葛,而是用生命相互期许,共同练就。

【13. 月出皎兮,佼人僚兮】

文化艺术

> 月出皎①兮,佼②人僚③兮。舒④窈纠⑤兮。劳心⑥悄兮。(《诗经·月出》)

注释

①皎:月光洁白明亮。②佼:通"姣",美好的。③僚:通"嫽"(liáo),美好,美丽。④舒:形容女子举止贤淑的样子。⑤窈纠(yǎo jiǎo):女子举步舒缓轻盈的样子。⑥劳心:忧心。悄:忧愁的样子。

译文

　　月儿出来亮四方，月印美人真漂亮。步履轻盈又端庄。思之悠悠我心伤。

感悟

　　古人心目中，月亮可不是冰冷无生命的球体，而是一个充满柔情、寄托希望的美丽尤物。诗人有着一颗善感的心和一双乐于发现美的眼睛。当你我也一旦拥有，我们的生活将变得更加精彩。

【14. 他山之石，可以攻玉】

> 　　鹤鸣于九皋①，声闻于天。鱼在于渚②，或潜在渊。乐彼之园，爰③有树檀④，其下维榖⑤。他山之石，可以攻⑥玉。（《诗经·鹤鸣》）

注释

①九皋：皋，沼泽；形容沼泽广阔。②渚：洲边的浅水滩，与"渊"相对。③爰：语首助词。④树檀：即檀树。⑤榖（gǔ）：即楮（chǔ）树，是造桑皮纸或宣纸的原料，古代以之为恶木。⑥攻：制作，磨琢。

译文

鹤儿长鸣沼泽畔，鸣声悠扬传九天。有的鱼儿浅水游，有的浅伏在深渊。那个园林惹人爱，檀树高耸参入天，还有楮树其下栽。他山之上一块石，可把玉器来琢磨。

文化艺术

感悟

默默无闻的他山之石正是雕琢自己玉器的必需之才，以此告诫君王要任用贤人隐士，远离奸佞小人。这首诗开辟了我国哲理诗的先河，读来意味深长。

【 15. 好言自口，莠言自口 】

父母生我，胡①俾②我瘉③？不自我先，不自我后。好言自口，莠④言自口。忧心愈愈⑤，是以⑥有侮。（《诗经·正月》）

①胡：何。②俾：使。③瘉（yú）：病痛，痛苦。④莠（yǒu）言：坏话。⑤愈愈：忧惧的样子。⑥是以：因此。

父母生我来人间，为何我总遭祸害？忧不在我之前来，患不在我之后现。不想良言出自口，恶言也从口中来。忧心忡忡何时尽，屡受其侮真难挨。

感悟

乱世危局，权贵之人捕风捉影，信口雌黄；正直的人们深受其辱，无可奈何。乱世之中有良臣。这首诗表现了一个士大夫愤世嫉俗、忧国忧民之情以及独清独醒的强烈批判精神，这正是正直知识分子的良知所在。

《礼记》

【1. 礼乐交错于中，发形于外】

凡三王①教世子必以礼乐。乐，所以修内②也；礼，所以修外③也。礼乐交错于中④，发形于外，是故其成也怿⑤，恭敬而温文。（《礼记·文王世子》）

①三王：这里指帝舜、夏、商三代君王。②修内：指音乐对人性

情的涵养化育。③修外：指礼对人的仪表举止的修饰。④中：心中。⑤怿(yì)：喜悦。

三代的先王们教育天子,必定用礼乐。乐是用来修养内心的;礼是用来修养外表行为的。礼的教育从外到内,乐的教育从内到外,两者在心中交互涵养,再显现于外表,所以礼乐教化的成功是在其乐融融的氛围中获得的,养成了人们恭敬温和、文质彬彬的气质。

礼乐文化正直中和,并非我们今日想象的那样只是一系列束缚人的陈规旧矩。相比于律令法规的外在规范和制约,它更注重从人内心来调节人、化育人。

【2. 凡音之起,由人心生】

凡音之起,由人心生也。人心之动,物使之然也。感于物而动,故形于声。声相应,故生变;变成方①,谓之音。比音而乐之,及干戚②羽旄③,谓之乐。(《礼记·乐记》)

注释

①方：指规律。②干戚：盾和斧。③羽旄（máo）：羽毛和牛尾。这里都是指用于舞蹈的道具。

译文

声音的发出，都是从心中产生的。而人的心理活动，是由于受到外物的感触。有感于外物的变动，就表现为声音。声音相互配合，就产生变化；变化形成一定的规律，就称之为音律；不同的音律和并在一起形成歌曲，再配上干戚和羽旄，就叫做"乐"。

感悟

音乐是人情感的自然流露和心灵世界的真实表达，反过来又能够净化人的心志，陶冶人的性情。音乐的动听悦耳，必然是人内心秩序和谐安宁的如实反映，什么样的心灵就会对什么样的音乐产生共鸣。

【3. 同民心而出治道】

> 乐者,其本在人心之感于物也。是故先王慎所以感之者。故礼以道①其志,乐以和其声,政以一其行,刑以防其奸。礼乐刑政,其极一也,所以同民心而出治道也。(《礼记·乐记》)

注释

①道(dǎo):引导。

译文

音乐的本源来自于人心对于外物的感触。所以先王们十分谨慎地看待对人心产生感触的事物。因此就用礼义来引导人们的志向,用音乐来调和人们的声音,用政令来统一人们的行为规范,用刑罚来防范人们的奸邪。礼义、音乐、政令、刑罚,最终的目的只是一个,是用来统一民心,实现国家的安定。

感悟

　　纯正祥和的事物会让人心情愉悦,易于使人向着善良的本性复归。当心志沉湎于暴力和色情的时候,善恶正邪的界限势必变得越来越模糊。

【4. 天理人欲】

　　　人生而静,天之性也;感于物而动,性之欲也。物至知知①,然后好恶形焉。好恶无节于内,知诱于外,不能反躬②,天理灭矣。夫物之感人无穷,而人之好恶无节,则是物至而人化物③也。人化物也者,灭天理而穷人欲者也。(《礼记·乐记》)

注释

　　①知知:指心智产生知觉。②反躬:自我反省。③人化物:指心智受外物支配。

人天生是爱静的,这是天性;感受外物后就有所触动,有了感性的欲望。外物的刺激使心智产生知觉,进而形成了喜好与厌恶的情感。好恶情感在内心得不到节制,知觉又受到外物的诱惑,不能够反省自己,天性就灭绝了。对外物的感受是无穷的,如果人的喜好和厌恶情感没有节制,那么受到外物的刺激,人心就随着外物变化而变化了。人受万物的支配,导致了灭绝天性而欲望泛滥。

　　人的欲望是无穷的,一味追逐物质享受必然导致心灵迷失、泯灭自我,社会也会陷入物欲横流的境地而难以自拔。先秦儒家"天理人欲"之辩,态度中和,远没有后来道学家"存天理,灭人欲"那样绝对和极端。

【5.乐者敦和，礼者别宜】

天高地下，万物散殊①，而礼制行矣。流而不息，合同而化，而乐兴焉。春作夏长，仁也；秋敛冬藏，义也。仁近于乐，义近于礼。乐者敦和②，率③神而从天；礼者别宜④，居⑤鬼而从地。（《礼记·乐记》）

注释

①散殊，不同。②敦和，增进和顺。③率，循。④别宜，区别差异。⑤居，循。

译文

天高在上，地卑在下，万物各不相同，礼制就可以施行了；天地之气流转不息，调和万物一起演化，乐教就兴起了。春作夏长，是仁的体现；秋收冬藏，是义的体现。仁接近于乐；义接近于礼。乐的作用是增进和同，遵循神明而归属于天；礼的作用是区别差异，依从灵魂而归属于地。

感悟

圣人观取外物的变化发展和规律特征,制作礼乐以供行人事。中国传统的礼乐文明与西方文明的特点不同,自然事物也被赋予了道德价值和伦理意义,由此中国人心目中多了一层"民胞物与(朋友)"情结。

《6. 内和外顺,礼乐之道》

乐也者,动于内者也;礼也者,动于外者也。乐极和,礼极顺。内和而外顺,则民瞻①其颜色而弗与争也,望其容貌而民不生易慢焉。故德动于内,而民莫不承听,理发诸外,而民莫不承顺。故曰:致礼乐之道,举而错②之,天下无难矣。(《礼记·乐记》)

注释

①瞻(zhān):往上或往前看。②错:通"措"。

译文

　　乐是陶冶调理内心的；礼是修整调节外表的。乐最和畅，礼最恭顺。内心平和而外表恭顺，那么民众望见他的脸色表情，就自然不会和他争执，看见他的仪表容貌，就不会有轻视怠慢他的念头。所以有了德性充实内心，民众就没有不听从的，言谈举止都合乎礼，民众没有不顺服的。所以说：穷究礼乐的道理，把它推行于天下，那就没有什么困难的了。

感悟

　　音乐被儒家用来勉人向善、陶冶情感、安顿心灵，并与礼结合使内外各得其宜，在和乐有序中达至天下大治。礼与乐相得益彰，缺一不可。颓废的音乐只能使人放纵情感而意乱情迷，僵化的礼仪让社会没有生机活力而徒增繁文缛节。

341

【7. 礼主其减,乐主其盈】

礼主其减①,乐主其盈②,礼减而进③,以进为文④,乐盈而反⑤,以反为文。礼减而不进则销⑥,乐盈而不反则放⑦。故礼有报而乐有反。礼得其报⑧则乐,乐得其反则安。(《礼记·乐记》)

注释

①减:指礼讲究克制而主于减损。②盈:指乐因抒发情感而主于充盈。③进:推进。④文:华美,有文采。⑤反:抑制。⑥销:通"消"。⑦放:放纵。⑧报:通"褒"。

译文

礼的特征是减损;乐的特征是充盈。礼长于减损和克制,就需要自我勉励;乐长于充盈和张扬,就需要自我抑制。如果礼由于减损而不能自我勉励,那将渐趋衰亡;乐由于充盈而不加抑制,那将走向放纵。所以礼应该有所勉励而乐应该有所抑制。礼得到鼓励,人们就会乐于实行;乐得到抑制,人们就会心神安宁。

礼乐文化相辅相成、张弛有度,它的规范和约束作用主要是通过对思想意识的柔性感染,深入其里,调适和提升人的精神境界。儒家的道德总是善于营造一种其乐融融的氛围,而摒弃冷冰冰的色调。

【8. 有知之属,莫不知爱其类】

凡生天地之间者,有血气之属,必有知,有知之属,莫不知爱其类。今是大鸟兽,则失丧其群匹,越月逾时焉,则必反巡。小者至于燕雀,犹有啁噍①之顷焉,然后乃能去之。故有血气之属者,莫知于人,故人于其亲也,至死不穷。(《礼记·三年问》)

①啁噍(zhāo jiū):鸟悲鸣声。

343

天地之间的万物，只要是有血肉有气息的动物，必定有知觉；有知觉的动物，没有不爱自己同类的。比如那些大鸟兽，如果是死了同伴或配偶，不管是过了一个月或一个季节，还是要返回去徘徊良久；小的如燕子、麻雀还要鸣叫一阵子，然后才肯离开。因此有血肉有气息的动物，没有比人更有灵知的，所以人对于自己的亲人，至死也不会忘记。

感悟

　　儒家推己及人的仁爱之心和"民胞物与"的情结在这里有了生物学的证据。人比鸟兽高级，并不只是因为人的能力更大，智力更高，而是因为人有仁爱之心。动物之间都能够相互关爱，原本应该有情有义的人为何要相互伤害呢？

344

《9. 君子比德于玉》

孔子曰：夫昔者君子比德于玉焉。温润而泽，仁也；缜密以栗①，知也；廉②而不刿③，义也；垂之如队④，礼也；叩之其声清越以长，其终诎然⑤，乐也；瑕不掩瑜、瑜不掩瑕，忠也；孚尹⑥旁达，信也；气如白虹，天也；精神见于山川，地也；圭璋⑦特达，德也。（《礼记·聘义》）

注释

①栗：坚硬。②廉：有棱角。③刿（guì）：刺伤。④队：通"坠"。⑤诎然：指声音戛然而止。⑥孚尹：指玉的光彩。⑦圭璋（guī zhāng）：一种用做凭信的玉器。

译文

孔子说：从前君子用玉比喻美德。玉温润而有光泽，象征仁；质地细密而坚实，象征智；有棱角而不伤人，象征义；悬垂则下坠，象征礼；敲打它，声音清脆悠扬，然后戛然而止，象征乐；玉的瑕疵不掩藏玉的光彩，玉的光彩也不掩盖玉的瑕疵，象征忠；色泽晶莹透明，光彩外发上下通达，象征信；气如长虹，无所不覆，象征天；蕴藏于地下，神采却展现于山川，象征地；朝聘用玉制的圭璋做凭信，象征德。

 感悟

　　儒家比德于"玉"，道家比德于"水"，并非是因为物以稀为贵的缘故。受儒家影响，中国人自古垂青于玉，崇尚"虽有珉之雕雕，不若玉之章章"，就是希望用玉来勉励自己，修养德性。

《春秋》

【1. 非圣人，谁能修之】

　　君子曰："《春秋》之称，微而显，志①而晦，婉而成章，尽而不汙②，惩恶而劝善，非圣人，谁能修之?"（《左传·成公十四年》）

注释

①志：记载。②汙（yū）：歪曲。

译文

君子说："《春秋》的记述，用词细密而意义显明，记载史实而含蓄深远，婉转而顺理成章，穷尽而没有歪曲，警戒邪恶而奖励良善。如果不是圣人，谁能够编写它呢？"

感悟

作为我国第一部编年史，《春秋》的史学意义毋庸置疑。而它对惩恶扬善的推崇更在塑造我们民族优秀传统美德方面功勋卓著，即使在时隔两千多年后的今天仍然熠熠生辉。

【2. 言，身之文】

晋侯①赏从亡者，介之推②不言禄，禄亦弗及……
（介之推）对曰："言，身之文也。身将隐，焉用文③
之？"……遂隐而死。（《左传·僖公二十四年》）

注释

①晋侯：指晋文公，流亡十九年后回国即位，春秋五霸之一。
②介之推：晋国贵族。③文：文饰。

译文

晋文公赏赐跟他逃往的人，介之推没有提及禄位，禄位也没有
给他……介之推回答说："说话，是身体的文饰。身体将要隐藏，哪
里用得着修饰？"……于是他就隐居而死了。

感悟

　　人生中,我们面临无数选择;每次选择都体现了我们的人生价值。介之推选择与晋侯共患难,但不选择与他共分享。可以说,在选择与不选择中,介之推成就了千古高风的典范。

《3. 君子劳心,小人劳力》

　　知武子[①]曰:"……君子劳心,小人劳力,先王之制也。"(《左传·襄公九年》)

　　①知武子:晋国大将知罃(yīng)。

　　知武子说:"……君子凭脑力生存,而小人用体力谋生,这是先王的训示。"

这并不是"先王之制",而是社会化的必然——社会分工。分工不同、贵贱有别,这种偏见至今犹存。

【4. 言之无文,行而不远】

仲尼曰:"《志》①有之:'言以足②志③,文④以足言。'不言,谁知其志?言之无文,行而不远……慎辞哉!"(《左传·襄公二十五年》)

注释

①《志》:一部古书。②足:完成。③志:意志,意愿。④文:文采。

孔子说:"《志》上有这样的话:'言语用来表达意愿,文采用来完成言语。'不说话,谁知道他的意愿? 说话没有文采,就不能传到远方……言辞需要谨慎啊!"

感 悟

孔子是天才的语言大师,他不仅说了,而且说得精彩,历经千年而不衰。上天赐予一张嘴,我们自然要去说,说出心声与思想;但切不可随意妄语、搬弄是非。我们要作好自己嘴巴的主人。

【5. 节有度,守有序】

(公子札)①曰:"至矣哉②! 直③而不倨④,曲⑤而不屈⑥,迩⑦而不逼⑧,远⑨而不携⑩,迁⑪而不淫⑫,复⑬而不厌⑭,哀而不愁,乐而不荒⑮,用而不匮,广而不宣⑯,施而不费⑰,取而不贪,处而不底⑱,行而不流。五声⑲和,八风⑳平。节有度,守有序,盛德之所同也。"(《左传·襄公二十九年》)

注释

①公子札：又叫季札，吴王寿梦的儿子。②至矣哉：达到顶点了。③直：刚劲。④倨：傲慢。⑤曲：婉曲。⑥屈：卑下。⑦迩：紧密。⑧逼：逼迫。⑨远：悠远。⑩携：游离。⑪迁：变易。⑫淫：过度。⑬复：反复。⑭厌：厌倦。⑮荒：过度。⑯宣：显露。⑰费：损耗。⑱底：停滞。⑲五声：宫、商、角、徵（zhǐ）、羽。⑳八风：即"八音"，指用金、石、丝、竹、匏（páo）、土、革、木制成的乐器。

译文

（公子札）说："（《颂》乐）已经到达顶点了！正直而不傲慢，身微而不卑下，亲近而不冒犯，疏远而不离心，流放而不邪乱，反复而不厌倦，哀伤而不忧愁，欢乐而不荒淫，使用而不匮乏，宽广而不显露，施舍而不耗损，获取而不贪婪，静止而不停滞，行进而不流荡。五声协调，八风和谐。（《颂》乐的每个）节拍都有一定的限度，乐器都按一定次序编排，这是盛德之人所共同具有的特点。"

感悟

世间万物总有它存在的一个"度"，也就是在阴阳、有无、上下、曲直、亲疏、哀乐、隐显、取予、动静等等之间均保持一种平衡。这种平衡或是自然所赐或是人力所为或是兼而有之。《颂》乐之极致在于和谐，人生之极致又何尝不在于保持一种内外之和谐呢？

【6. 人生几何】

孝伯①曰:"人生几何? 谁能无偷②? 朝不及夕,将安用树?"(《左传·襄公三十一年》)

①孝伯:鲁国大夫。②偷:苟且,没有远虑。

孝伯说:"人的一辈子能活多久? 谁能没有点得过且过? 早晨活着到不了晚上,哪里用得着去(和别国)建立友好关系呢?"

人生短暂,似水流年。人们好像更应该拼搏进取,只争朝夕,方才不枉此生;但世事多艰,人们又常常朝不保夕,只求苟且偷生。"人生几何? 谁能无偷?"难说不是逆境中人们自我劝慰、以退为进的一副精神镇静剂。

【7. 吾无求于龙,龙亦无求于我】

子产弗许,曰:"我斗,龙不我觌①也。龙斗,我独何觌焉? 禳②之,则彼其室也。吾无求于龙,龙亦无求于我。"乃止也。(《左传·昭公十九年》)

注释

①觌(dí):相见。②禳(ráng):古代一种驱邪除灾的祭祀。

译文

子产不答应(那个求福消灾的祭祀),说:"我们争斗,龙不会来看;龙争斗,我们为什么单单要去看呢?向它们祭祀祈祷,那里本来是它们居住的地方,(岂能让它们离开吗?)我们对龙没有什么要求,龙对我们也没有什么要求。"于是就停止了祭祀。

感悟

子产告诫人们,人要生存只能靠人为而不能靠天赐。这种天人相分、事在人为的主张启迪了后世许多思想家。然而,生活中热衷于求神问卜、相面测字的仍然大有人在,甚至不乏知识分子与党政官员。我们不禁要问:冥冥之中,果真有命运之神吗?

8. 所见异辞,所闻异辞,所传闻异辞

西狩获麟①,孔子曰:"吾道②穷矣!"《春秋》何以始乎隐③?祖之所逮闻也。所见异辞,所闻异辞,所传闻异辞。何以终乎哀③十四年?曰:备矣。(《春秋公羊传·哀公十四年》)

注释

①麟:麒麟的简称,传说中的神兽。②道:政治主张。③隐:鲁隐公。④哀:鲁哀公。

译文

在西边狩猎获得麒麟后,孔子说:"我的政治主张到此为止了!"《春秋》为什么从鲁隐公开始?是祖辈所能够听说到的。所看

到的说法不一样，所听到的说法不一样，所传闻的说法也不一样。为什么到鲁哀公十四年时就结束？回答说：已经完备了。

感 悟

　　亚里士多德曾说，吾爱吾师，但吾更爱真理；孔子也曾说过，"当仁，不让于师。"所以说，要想获得真知，就必须保持一种存疑的态度和独立的精神，不惧权威，不拘旧说。

五、经典故事

　　《五经》不仅有无数名言、警句,而且还有很多经典故事。这些经久不衰的故事对当今人们仍有重要启迪意义。在此,我们从中精拣一些脍炙人口的故事以和大家共享。

　　鉴于篇幅的考虑,我们的选择范围只限于《尚书》、《礼记》、《左传》中的部分故事。从我们节选的二十多篇看来,它的范围上至帝王下至乞丐,内容涉及政治、经济、文化、军事、外交等等方面。

　　需要说明的是,考虑到每个条目的大体平衡,我们的节选大都比较简短。

【1. 君子爱人以德】

　　曾子①寝疾②，病。乐正子春③坐于床下，曾元、曾申④坐于足，童子隅坐而执烛。童子曰："华而睆⑤，大夫之箦⑥与？"子春曰："止！"曾子闻之，瞿然⑦曰："呼！"曰："华而睆，大夫之箦与？"曾子曰："然。斯季孙⑧之赐也，我未之能易也，元，起易箦。"曾元曰："夫子之病革矣，不可以变，幸而至于旦，请敬易之。"曾子曰："尔之爱我也不如彼。君子之爱人也以德，细人之爱人也以姑息。吾何求哉？吾得正而毙焉斯已矣。"举扶而易之，反席未安而没。（《礼记·檀弓上》）

①曾子：孔子弟子，名参。②寝疾：指卧病。③乐正子春：曾参的弟子。④曾元、曾申：曾参的儿子。⑤睆（huàn）：有光泽。⑥箦（zé）：竹席。⑦瞿（qú）：惊视的样子。⑧季孙：春秋鲁国大夫。

曾子卧病不起，十分沉重。乐正子春坐在他的床旁边，曾元、曾申坐在他脚旁，一个小孩坐在角落里端着蜡烛。小孩说："多么华丽光彩的席子呀！这是大夫才能用的吧？"子春说："别说话！"曾子听见了，睁大眼睛吃惊地说："哎呀？"小孩又说："多么华丽光彩的席子呀！这是大夫才能用的吧？"曾子说："是的。这是季孙氏送我的，我没能够把它换掉，曾元！起来把它换掉。"曾元说："父亲的病很重，不能挪动，希望能够等到天亮，再恭敬小心地换掉。"曾子说："你敬爱我的心意还不如那个小孩呢。君子爱人用德行，小人爱人只是一味地姑息迁就。我还有什么要求呢？我能够合乎礼仪地死去就行了。"于是一起把曾子抬起换掉了席子，还没有放好，曾子就死了。

先贤们把德性、名节看得比自己的生命都重要，并不认为可以不拘于小节。儒家的仁爱精神成就的是人的德性和品格，对单纯的情感有所超越。

【2.鲁庄公及宋人战于乘丘】

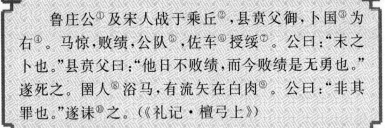

鲁庄公①及宋人战于乘丘②,县贲父御,卜国③为右④。马惊,败绩,公队⑤,佐车⑥授绥⑦。公曰:"末之卜也。"县贲父曰:"他日不败绩,而今败绩是无勇也。"遂死之。圉人⑧浴马,有流矢在白肉⑨。公曰:"非其罪也。"遂诔⑩之。(《礼记·檀弓上》)

注释

①鲁庄公:鲁国国君。②乘丘:地名,今山东曲阜西北。③县贲父、卜国:人名。④御、右:古代作战,站在战车左边替主帅驾车的叫御,站在右侧保护主帅的叫右或车右。⑤队(zhuì):通"坠"。⑥佐车:战车的副车。⑦绥:登车时用作拉手的绳索。⑧圉(yǔ)人:养马的人。⑨白肉:指马腿内侧的肉。⑩诔(lěi):称颂死者生前功德以表哀悼的一种文体(多用于上对下)。

译文

　　鲁庄公与宋国军队在乘丘作战,县贲父驾车,卜国做车右。突然马受惊,战败了,鲁庄公跌落下来,战车的副车急忙抛给鲁庄公一根绳索把他拉上来。鲁庄公说:"这是事先没有占卜的原因。"县贲父说:"平常作战不打败仗,而今天因为马受惊,乱了队列而打了败仗,是我不够勇敢的缘故。"于是就自杀了。马夫在洗刷马时,发现马的大腿内侧有一枝箭。鲁庄公说:"这次失败不是县贲父的过错。"于是就为他作诔。

感悟

　　县贲父在失败面前,不是首先想着保全自己,证明自己没有过失,而是勇于承担责任,这种精神在现代社会如果能够得到弘扬,互相推诿、推卸责任的现象哪还会有藏身之地呢?

【3. 子夏丧其子而丧其明】

　　子夏①丧其子而丧其明。曾子吊之曰："吾闻之也,朋友丧明则哭之。"曾子哭,子夏亦哭,曰:"天乎!予之无罪也。"曾子怒曰:"商,女何无罪也? 吾与女事夫子于洙泗②之间,退而老于西河③之上,使西河之民,疑④女于夫子,尔罪一也;丧尔亲,使民未有闻⑤焉,尔罪二也;丧尔子,丧尔明,尔罪三也。而曰女何无罪与!"子夏投其杖而拜曰:"吾过矣! 吾过矣! 吾离群而索⑥居,亦已久矣。"(《礼记·檀弓上》)

注释

　　①子夏:孔子弟子,姓卜名商。②洙、泗:洙水和泗水,今山东泗水县。孔子曾在洙、泗之间授徒讲学。③西河:古地名,今陕西东部黄河西岸一带。④疑:通"拟"。⑤闻:好名声。⑥索:孤独。

子夏因为儿子死了，哭瞎了眼睛。曾子去慰问他说："我听说：朋友失明了，就要为他难过。"曾子哭了，子夏也跟着哭。子夏说："天哪！我没有罪过呀！"曾子生气地说："商，你怎么没有罪过呢？当初我和你一起在洙水和泗水之间侍奉老师，老师死后，你回到西河沿岸养老，让西河的民众误认为你和老师德性一样，这是你的罪过之一；你为你父亲守丧，在老百姓中没有出色的表现、树立好的名声，这是你的罪过之二；现在死了儿子，却哭坏了眼睛，这是你的罪过之三。你说你怎么没有罪过呢？"子夏丢掉拐杖，下拜说："我错了！我错了！我离开朋友们独自生活，已经好久了。"

掠人之美，不合礼义；虽有所学，却无所建树，德性有所不及，也不合礼义；依礼而行有所过，则过犹不及，同样不合礼义。道德不以"中庸"来把握，必引起混乱。

经典故事

【4.子柳之母死】

子柳①之母死，子硕②请具③。子柳曰："何以哉?"子硕曰："请粥④庶弟之母⑤。"子柳曰："如之何其粥人之母以葬其母也？不可。"既葬，子硕欲以赙布⑥之余具祭器。子柳曰："不可，吾闻之也，君子不家于丧，请班⑦诸兄弟之贫者。"（《礼记·檀弓上》）

①子柳：人名。②子硕：子柳的弟弟。③具，指葬具。④粥（yù）：通"鬻"，卖。⑤庶弟之母：指庶母，妾的地位低，可以买卖。⑥赙（fù）布：送财物助人办丧事。⑦班：通"颁"，分给。

子柳的母亲去世了，弟弟子硕请求置办丧葬器具。子柳说："用什么去购买丧葬器具呢?"子硕说："卖掉庶弟的母亲吧。"子柳说："怎么可以卖掉人家的母亲来安葬自己的母亲呢？不行!"下葬

364

后，子硕想拿剩余的助丧钱财去购置祭器。子柳说："不行，我听说君子是不利用丧事谋利的，还是把它分给兄弟中贫穷的人吧！"

君子爱财，取之有道。为了钱财不惜损人利己、无所不用其极，就是歪门邪道。在现实生活中，人人都有责任对贪图名利而出卖良知的行为说"不"。

《5. 吴侵陈，斩祀杀厉》

吴侵陈，斩祀①杀厉②，师还出竟，陈太宰嚭③使于师。夫差④谓行人仪⑤曰："是夫也多言，盍尝问焉？师必有名，人之称斯师也者，则谓之何？"大宰曰："古之侵伐者，不斩祀，不杀厉，不获二毛⑥。今斯师也，杀厉与？其不谓之杀厉之师与？"曰："反尔地，归尔子，则谓之何？"曰："君王讨敝邑之罪，又矜而赦之，师与有无名乎？"（《礼记·檀弓下》）

注释

①祀：指祀社的树木。②厉：指患病的人。③太宰嚭（pǐ）：太宰是官名，嚭是人名。④夫差：吴国国君。⑤行人仪：行人是官名，仪是人名。⑥二毛：指白发老人。

译文

吴国入侵陈国，砍伐祀社的树木，杀害患病的百姓，然后准备撤离国境回国，陈国派太宰嚭出使到吴军中。吴王夫差对行人仪说："这个人很会说话，我们何不考问他一下呢？出兵打仗都有名正言顺的原因，所谓师出有名，那么他们对我们这支军队怎么看呢？"太宰嚭说："古代讨伐他国不砍伐他国祀社的树木，不杀害患病的百姓，不俘获白发苍苍的老人。现在你们这支军队不是杀害患病的百姓了吗？那不就成了杀害病人的军队了吗？"吴王夫差又派行人仪问："现在把占领的土地归还你们，把俘获的人还给你们，你又怎么评价我们的军队呢？"太宰嚭说："贵国君王讨伐敝国，兴师问罪，现在又同情我们、赦免我们，这样的军队还能没有好的名声吗？"

感悟

儒家认为，战争并不只是兵力的较量，还是对天意的回应、仁义的显扬，所以行军用兵也要遵循礼义。师出有名，可谓正义之师，但正义之师也必须是仁义之师，才能算是替天行道。

【6.石骀仲不沐浴佩玉】

石骀仲①卒,无适子②,有庶子③六人,卜④所以为后者。曰:"沐浴佩玉则兆⑤。"五人者皆沐浴佩玉,石祁子⑥曰:"孰有执亲之丧,而沐浴佩玉者乎?"不沐浴佩玉。石祁子兆⑦,卫人以龟为有知也。(《礼记·檀弓下》)

注释

①石骀仲:人名。②适(dí)子:嫡子,正妻所生的儿子。③庶子:妾所生的儿子。④卜:古代根据龟甲被灼烧后的裂纹来判断吉凶叫"卜"。⑤兆:占卜时龟甲上显示吉凶的裂纹叫"兆"。⑥石祁子:石骀仲六个庶子中的一个。⑦兆:指石祁子得到了吉兆。

译文

石骀仲去世了,没有嫡子,只有六个庶子,就用占卜的方式决定继承人。卜人说:"要先洗澡,再佩带玉,龟甲才能显示出吉兆。"

其中五人都洗澡佩带玉，只有石祁子说："哪有为父亲守丧期间洗澡佩带玉的？"执意不愿洗澡佩带玉。最后占卜显示石祁子应该做继承人，卫国人都认为龟甲是通灵的。

感悟

恪守道德准则、表里如一的言行反映的是君子的风骨。一个真正有德性的人最终必然会得到肯定和眷顾。

【7. 陈子车死于卫】

陈子车①死於卫，其妻与其家大夫②谋以殉葬，定而后陈子亢③至，以告曰："夫子疾，莫养于下，请以殉葬。"子亢曰："以殉葬，非礼也。虽然，则彼疾当养者，孰若妻与宰？得已，则吾欲已；不得已，则吾欲以二子者之为之也。"于是弗果用。（《礼记·檀弓下》）

注释

①陈子车:人名,齐国大夫。②家大夫:陈子车的家宰,僭称大夫。③陈子亢:陈子车的弟弟,即孔子弟子陈亢。

译文

陈子车客死在卫国,他的妻子与家臣商量要用活人殉葬,商定好后陈子亢来了,他们把这一决定告诉陈子亢说:"夫子有病,在地下没有人侍奉他,决定用活人殉葬。"陈子亢说:"用活人殉葬不合乎礼。虽然如此,伺候他病的人,谁能比他妻子和家臣更合适呢?如果取消决定,我也同意取消;如果不同意,我准备用你们二人来殉葬。"结果就没有实行殉葬。

感悟

陈子亢不因为私亲而纵容殉葬,采取有礼有节的方式制止不仁不义的非礼行为。对于不道德行为,人人都有义务和责任加以制止和抵制,而不能置若罔闻、随波逐流。

【8. 陈乾昔寝疾】

陈乾昔①寝疾，属②其兄弟，而命其子尊己③曰："如我死，则必大为我棺，使吾二婢子夹我。"陈乾昔死，其子曰："以殉葬，非礼也，况又同棺乎？"弗果杀。（《礼记·檀弓下》）

陈乾昔卧病不起，就嘱咐他的兄弟，又命令他的儿子尊己说："如果我死了，一定要给我做个大的棺材，让我的两个妾婢在我两边。"陈乾昔死后，他的儿子说："用活人来殉葬，不合礼，何况又是放在同一棺材里呢？"结果没有把两个妾婢杀掉。

真正的孝并不与道义相冲突，坚守道义需要明辨是非、勇敢无

370

私,不能随声附和、唯命是从。

【1. 颍考叔劝孝】

　　(郑庄公)遂置姜氏于城颍,而誓之曰:"不及黄泉①,无相见也!"既而悔之。颍考叔②为颍谷封人,闻之,有献于公③。公赐之食,食舍肉。公问之,对曰:"小人有母,皆尝小人之食矣,未尝君之羹,请以遗④之。"公曰:"尔有母遗,繄⑤我独无!"颍考叔曰:"敢问何谓也?"公语之故,且告之悔。对曰:"君何患焉? 若阙⑥地及泉,隧⑦而相见,其谁曰不然?"公从之。公入而赋:"大隧之中,其乐也融融。"姜⑧出而赋⑨:"大隧之外,其乐也泄泄⑩。"遂为母子如初。

　　君子曰:"颍考叔,纯孝也,爱其母,施及庄公。《诗》曰'孝子不匮,永锡尔类。'其是之谓乎!"(《左传·隐公元年》)

371

①黄泉：地下的泉水，"及黄泉"意指死亡。②颍考叔：即戍守颍谷的考叔，郑国大夫。③公：郑庄公。④遗（wèi）：送与，留给。⑤繄（yī）：〈书〉惟，只有。⑥阙（jué）：古通'掘'。⑦隧：挖隧道。⑧姜：即郑庄公之母亲，曾多次为难庄公。⑨赋：吟诵诗句。⑩泄泄（yì）：与"融融"意思相近，和乐舒畅，形容快乐。

于是，郑庄公就把他的母亲姜氏安置在城颍里，并发誓说："不到黄泉，我们都不会相见。"可是，不久以后他又感到后悔。此时，颍考叔在颍谷做封人，听到这件事，就找机会献给庄公一些东西。庄公便赏赐给他吃饭，吃饭的时候，颍考叔把肉放在一边不吃。庄公问他为什么，他说："小人有母亲，小人的食物都已尝过了，但还没有尝过君王的肉汤，请求让我带回去给她。"庄公说："你尚有母亲可送，可我却偏偏没有啊！"颍考叔说："请问这是什么意思？"庄公就对他说明原因，并且告诉他自己很后悔。颍考叔回答说："君王有什么可担心的？如果掘地见到泉水，（你们母子）在隧道中相见，那有谁说不符合誓言呢？"庄公听从了颍考叔的话。庄公进入隧道，赋诗说："身在隧道中，快乐又舒畅。"姜氏走出隧道，吟唱道："走出隧道外，愉悦精神爽。"于是母子和好如初。君子说："颍考叔真是纯孝了。爱他的母亲，进而扩大至于庄公。《诗》说，'孝子的孝心不会竭尽，就永久赐给你的同类吧。'说的就是这样的情况吧！"

感悟

　　颖考叔的纯孝和机敏感动了庄公，也化解了庄公母子之间的怨气，使其母子重归于好，成为国人心中一段佳话。生活中，没有完美的父母，也没有完美的子女，所以难免会产生一些矛盾而伤害对方。而要化解亲子之间的矛盾，颖考叔就是我们最好的老师。

【2. 曹刿论战】

　　十年春，齐师伐我。公①将战，曹刿请见……公与之乘。战于长勺。公将鼓之②。刿曰："未可。"齐人三鼓。刿曰："可矣！"齐师败绩。公将驰之。刿曰："未可。"下视其辙，登轼③而望之，曰："可矣！"遂逐齐师。

　　既克，公问其故。对曰："夫战，勇气也。一鼓作气，再而衰，三而竭④。彼竭我盈⑤，故克之。夫大国，难测也，惧有伏焉。吾视其辙乱，望其旗靡⑥，故逐之⑦。"（《左传·庄公十年》）

注释

①公：鲁庄公；②鼓之：击鼓进军，"之"字无义。③轼：车前扶手的横木。④竭：耗尽。⑤盈：旺盛。⑥靡：倒下。⑦之：指齐国军队。

译文

鲁庄公十年的春天，齐国的军队攻打我们鲁国。庄公准备迎战。谋士曹刿请求进见……庄公和他同乘一辆兵车。齐鲁两国军队在长勺作战。庄公准备击鼓。曹刿说："还不行。"等齐军敲了三遍鼓后，曹刿说："可以了。"齐军大败。庄公准备追上去。曹刿说："还不行。"曹刿下了车，仔细察看齐军的车辙，然后登上车前横板远望，说："行了。"下令鲁国士兵追赶齐国军队。

战胜齐国军队以后，鲁庄公就问曹刿什么缘故。他回答说："作战靠的就是勇气。敲第一通鼓可以振作勇气，敲第二通鼓士气就会衰退，敲第三通鼓勇气就耗尽了。他们勇气耗尽而我们却很充沛，所以战胜他们。齐国是个大国，难以捉摸，恐怕有埋伏。我看到他们的车辙已经杂乱，并看到他们旗子已经倒下，所以追赶他们。"

感悟

两军交战斗勇更需斗智，即使击鼓也不例外。善于作战之人

都非常注重战机，设法造成一种背水一战的态势，紧紧抓住转瞬即逝的机会，从而给对方以致命一击。生活中，每个人都会面临各种各样的机遇，而能否抓住只能依靠我们自己。

【3. 退避三舍】

子玉①怒，从②晋师。晋师退。军吏曰："以君辟臣，辱也。且楚师老矣，何故退？"子犯③曰："师直为壮，曲为老，岂在久乎？微楚之惠不及此，退三舍④辟⑤之，所以报也。背惠食言，以亢其仇，我曲楚直，其众素饱，不可谓老。我退而楚还，我将何求？若其不还，君退、臣犯，曲在彼矣。"退三舍。楚众欲止，子玉不可。（《左传·僖公二十八年》）

🔖 注释 🔖

①子玉：楚国最高行政长官。②从：缠着不放。③子犯：晋文公舅舅。④舍：一舍三十里。⑤辟：通"避"。

子玉发怒了,下令追逐晋军。晋军退走。军吏说:"身为国君而躲避臣下,这是耻辱;况且楚军已经疲惫,为什么要退走?"子犯说:"出兵作战,理直就会气壮,理曲必然气衰,哪里在于时间的长久呢? 如果没有楚国的恩惠,我们到不了这里。退后三舍躲避他们,就是作为报答。背弃恩惠而说话不算数,只能使他们增加对我们的仇恨,我们理曲而楚国理直,加上他们的士气一向饱满,就不能认为他们已经衰败。我们退走而楚军回去,我们还要求什么呢?如果他们不回去,国君退走,而臣下进犯,理亏就在他们了。"晋军退走三舍。楚国将士想要停下来,子玉不同意。

感悟

　　晋国军队的退让和回避兑现了晋文公当年对楚成王的承诺,为晋军后来出击楚兵增添了一块正义砝码,激起了晋军不惜死战的斗志。在之后的城濮之战中,晋军所以能够以少胜多,以弱胜强与此不无关系。"仁者无敌"告诉我们的正是这个道理。

后　记

　　《五经》经典是我们先人思想和智慧的结晶。古往今来,代代都有人试图通过阐释、解读经典,去领悟先哲的智慧,来解决时代问题。在经济全球化与文化多元化双重变奏的今天,本土文化不仅不应消失,而且应该在与外来文化的交流互动中共存共荣。因此,继承、弘扬我国优秀传统文化,让今人理解古人、让世界了解中国曾是我们多年来的夙愿。

　　承蒙安徽人民出版社领导的支持与信任,得以参与这个丛书的写作,我们深受感动,也倍感责任重大。接受任务以后,我们不敢懈怠,认真研读原著,编订写作提纲。在写作过程中,得到了哲学所多位老师的热情帮助。余秉颐研究员和陶清研究员在百忙中多次给予我们指导,并提出了许多宝贵意见。

　　在写作本书的过程中,我们曾参考了下列研究成果:黄寿祺著《周易译注》,张善文撰、马振彪著《周易学说》;李民、王健撰《尚书译注》,周秉钧著《白话尚书》;高亨著《诗经今注》,李家声著《诗经全译全评》;钱玄等注译《礼记》,杨天宇著《礼记译注》;杨伯峻著《春秋·左传注》(全四册),沈玉成著《左传译文》,承载著《春秋·穀梁传译注》,王维堤等著《春秋·公羊传译注》等。

　　谨借本书出版之机,我们特向支持本书写作的各位老师致谢,向为编辑、出版本书付出辛劳的安徽人民出版社的同志们致谢!

　　本书是集体协作的成果,除了我院哲学所的三位同志之外,我们还邀请了安徽大学哲学系硕士研究生陶芬女士参与写作。

作　者